RAPPORT

SUR

L'EXPOSITION DES PRODUITS

DE L'INDUSTRIE FRANÇAISE EN 1849,

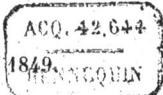

ADRESSÉ A M. LE MINISTRE DE L'INTÉRIEUR,

PAR M. J. GILON,

SOUS-INGÉNIEUR DES MINES.

BRUXELLES,

B. J. VANDOOREN, IMPRIMEUR DE LA STATISTIQUE GÉNÉRALE
ET DES ANNALES DES TRAVAUX PUBLICS,
Chaussée d'Etterbeék, 182.

1849.

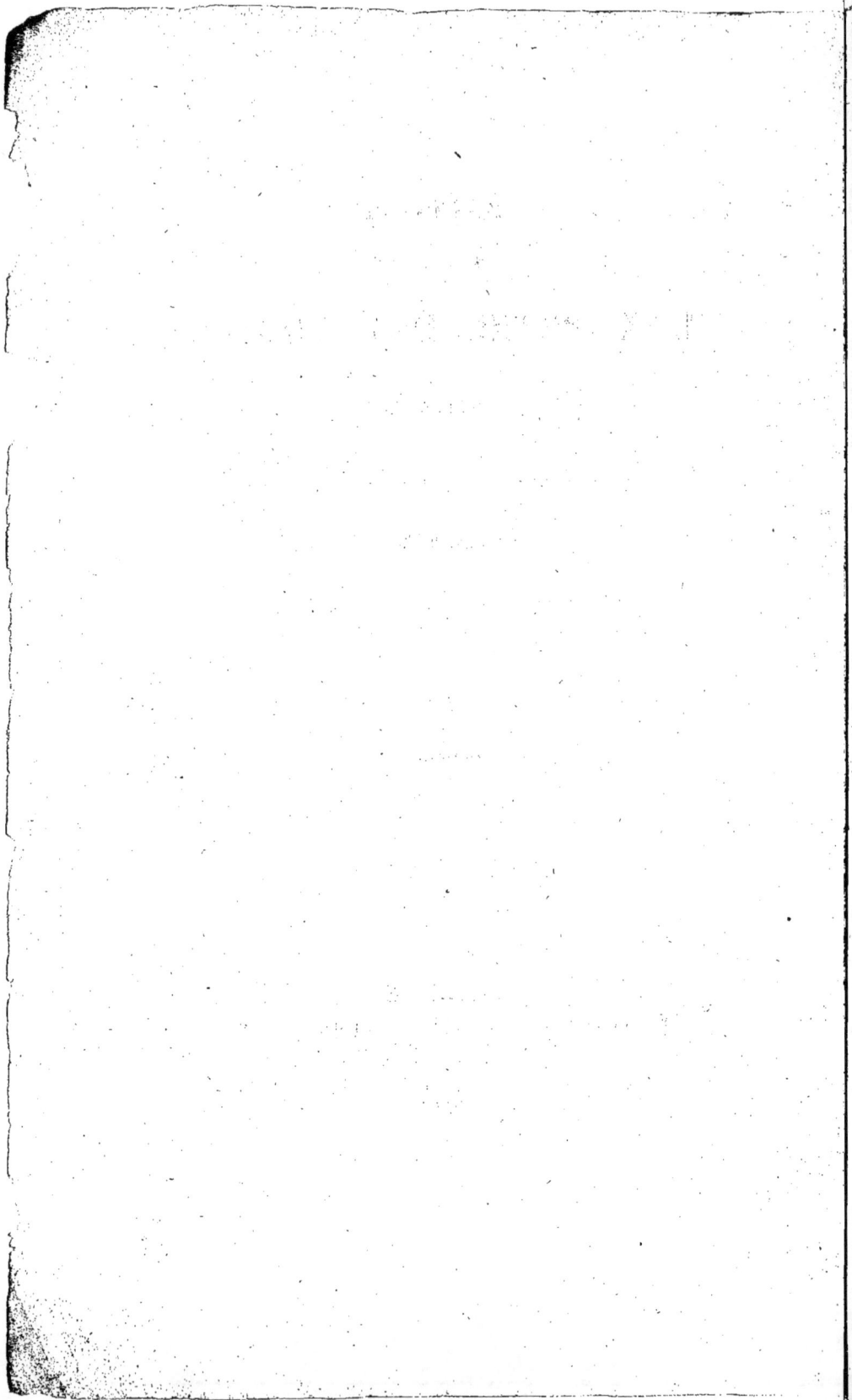

RAPPORT

SUR

L'EXPOSITION DES PRODUITS DE L'INDUSTRIE FRANÇAISE

EN 1849,

ADRESSÉ A M. LE MINISTRE DE L'INTÉRIEUR,

PAR M. J. GILON.

MONSIEUR LE MINISTRE ,

J'ai l'honneur de vous faire connaître le résultat de ma visite à l'exposition des produits de l'industrie française qui vient d'avoir lieu à Paris. Je regrette que mon rapport ne puisse pas être aussi développé que je l'avais d'abord espéré ; le peu de jours dont j'ai pu disposer, ainsi que le petit nombre d'heures pendant lesquelles l'étude était possible à cette exposition, en sont les causes premières. Si mon séjour à Paris eût été plus long, j'aurais pu suivre les travaux du jury, assister aux séances de ses commissions et profiter des connaissances et de l'expérience des hommes d'élite qui le composent. Il faut dire aussi que la recherche des inventions nouvelles, des produits intéressants est rendue excessivement difficile dans les immenses galeries affectées à l'exposition, par le grand nombre d'objets de toute espèce y admis, et dont la nature même est parfois telle qu'on doit se demander à quoi sert un jury d'admission ; cette recherche n'est pas facilitée par le classement des produits, qui a été fait à plusieurs re

1

prises. Les objets envoyés les derniers ont servi de remplissage; il y en a qui sont presque inabordables ; d'autres fois des produits de même nature se trouvent complétement séparés, tandis que des objets qui n'ont pas le moindre rapport se trouvent accolés. Un catalogue analytique et raisonné eût pu remédier en partie à cet inconvénient ; mais le livret de l'exposition n'est qu'un registre d'inscription, par ordre d'arrivée des produits exposés; il ne donne d'ailleurs aucun détail sur ceux-ci, se contentant d'indiquer la catégorie dans laquelle ils rentrent : *machines*, *produits chimiques*, etc.

Je m'étais proposé d'étudier l'exposition avec ordre et de n'abandonner une catégorie de produits qu'après l'avoir épuisée ; j'espérais pouvoir facilement réaliser ce plan, mais j'en ai bientôt reconnu l'impossibilité. L'absence complète d'indications, sensible surtout pour les machines, les rares apparitions des exposants rendent précieuse la rencontre de l'un d'eux ou d'un homme spécial dont on peut tirer des renseignements. Quand on a ce bonheur, on abandonne sans hésiter une étude commencée, pour aller au loin chercher quelques données sur une autre industrie ; je dis ce bonheur, parce qu'on ne trouve généralement auprès des expositions diverses, que des gardiens chargés de les épousseter, incapables de donner la moindre explication, et qui ne se contentant pas d'être inutiles aux visiteurs, sont encore incommodes par la défense qu'ils lui font de toucher aux appareils ou d'en prendre des croquis.

Signalons encore l'absence générale des prix de vente ou leur fausseté, quand ils sont indiqués. C'est cependant dans le prix que se trouve la véritable mesure du progrès dans l'industrie, de l'utilité dans un appareil ou dans une machine.

Quoiqu'il en soit, je réunis ici mes impressions aux quelques notes que j'ai pu recueillir ; j'y considère les choses au point de vue de leur utilité, sans trop m'arrêter à leur nouveauté et sans m'inquiéter si certaines publications ont ou n'ont pas fait mention de l'objet dont je m'occupe.

L'EXPLOITATION MINÉRALE prend ordinairement peu de part

aux expositions de l'industrie. Sauf les marbres et les ardoises, on ne remarque à l'exposition de 1849 que deux blocs d'anthracite, quelques échantillons de minerais de fer, de plomb, de cuivre, etc., qui offrent peu d'intérêt au point de vue où nous sommes obligés de nous placer.

Une fabrication intéressante, en voie d'amélioration, a cependant sa place marquée ici : je veux parler de *l'agglomération* des charbons menus.

L'aggloméré, comme on l'appelle à Saint-Étienne, ou le *péragène*, comme on dit à Blanzy, s'obtient en soumettant à une pression énergique un mélange de charbon menu avec du brai gras.

M. *Marsais* de Saint-Étienne a exposé des blocs de ce combustible, pesant chacun 50 kil. ; leur poids et leur forme peu régulière sont des inconvénients que ne partagent pas les briquettes de Blanzy, dont le poids est dix fois moindre et la forme plus avantageuse. J'insiste sur la forme, parce que, jusqu'aujourd'hui, le principal, et je dirai même, le seul usage de ce combustible est le chauffage des chaudières des bateaux à vapeur ; on conçoit dès lors combien il importe qu'il se présente en briques faciles à manier et occupant le moins de place possible. Il m'a été assuré qu'avec le *péragène* de Blanzy, on pouvait gagner jusqu'à 20 p. c. sur l'arrimage.

MM. *Varral, Middleton et Elwell* ont exposé un appareil destiné à cette fabrication. Le mélange du charbon avec le brai fondu s'y effectue dans un cylindre vertical en tôle, à l'aide de trois rateaux agitateurs mobiles avec l'axe. Le fond du cylindre est percé de deux ouvertures qui correspondent à deux des quinze moules pris dans l'épaisseur d'une plate-forme tournante en fonte ; le fond de ces moules est formé par un seul plateau fixe. Le mouvement de la plate-forme amène chaque brique sous un mouton qui la comprime fortement et sans choc. Au sortir de la presse, la brique tombe hors du moule par son propre poids, le fond fixe venant à manquer sur une partie de la circonférence.

4 RAPPORT SUR L'EXPOSITION DES PRODUITS

Voici, sur la fabrication du *péragène* à Blanzy, quelques
détails que je dois à l'obligeance de M. Amédée Burat :

Le goudron minéral est distillé dans une chaudière de
forme ordinaire ; la condensation a lieu dans un serpentin ra-
fraichi par un simple courant d'air. Les produits de cette distillation sont à peu près : 80 p. c. de brai gras qui reste dans
la chaudière, 10 p. c. d'huiles grasses propres à la fabrication des savons employés au graissage des machines, 6 p. c.
d'hydrocarbures propres à l'éclairage, le reste d'eaux ammo-
niacales, etc.

Le mélange du charbon avec le brai a lieu sur une plaque
tournante, chauffée par-dessous ; deux rateaux fixes remuent
la masse dans laquelle le brai gras fondu est incorporé par
l'un d'eux seulement. Ce rateau reçoit le brai le long de son
dos et l'introduit dans le charbon par ses dents. Par cette manière de procéder on est parvenu à n'employer que 6 à 8 p. c.
de brai ; il n'est pas présumable que cette proportion puisse
être sensiblement diminuée. (¹).

Deux presses hydrauliques donnent aux briques la forme
convenable et en confectionnent environ 25 tonnes par
jour.

Les frais de fabrication de tout genre, non compris le
charbon, s'élèvent à 10 fr. par tonne de 1,000 kil. ; la main-
d'œuvre y entre pour 2 fr. 50 c. Le péragène se vend à
Blanzy fr. 18 la tonne.

Il faut observer que l'on n'emploie à cette fabrication que
du menu de bonne qualité et qu'on est quelquefois obligé de
laver celui-ci au crible à l'eau (voir le *Traité d'exploitation
des mines*, par M. Combes). Ce lavage coûte 4 centimes par
hectolitre.

Cette fabrication a tenté de s'établir en Belgique ; elle y a

(¹) Ceci était écrit lorsque nous avons appris qu'une fabrique de charbon
aggloméré allait s'établir à Bruxelles d'après un nouveau procédé. Il parai-
trait que l'inventeur n'emploie que la pression sans l'intermédiaire d'aucune
substance étrangère pour agglomérer le charbon menu, qui peut d'ailleurs
être des plus maigres.

mal réussi. Cependant le *gros* charbon est recherché pour
une foule d'usages où il serait parfaitement suppléé par de
l'aggloméré qu'on pourrait fournir à 5 fr. au moins à meilleur compte que la houille. L'aggloméré présente aussi l'a-
vantage d'être moins fragile que celle-ci, il supporte parfaitement les transports, les transbordements, etc. La fumée
que ce combustible développe en brûlant le fera rejeter des
usages domestiques, mais les brasseries, les distilleries et
quelques autres industries y trouveraient de l'avantage, et
d'autant plus, que le lieu de consommation est plus éloigné
du lieu de production.

M. Darroux, d'Auch, a baptisé du nom d'*Ardosiotome,* un
instrument destiné à découper les ardoises. En deux mots, il
se compose d'un support vertical en fer de la forme à donner
à l'ardoise, découpé en dents de scie à la partie supérieure.
On y place l'ardoise à terminer, une presse vient l'y fixer,
puis un couteau de même forme que le support, mais qui
n'attaque pas tous les points à la fois et n'agit que progressivement, descend verticalement et vient enlever le superflu.
La presse et le couteau sont mus par la même vis à balancier.
D'après l'inventeur, un homme, aidé de deux enfants, peut
achever de la sorte, 500 ardoises par jour. Dans ces conditions, cette machine n'a pas de chances de se voir adoptée;
mais il serait facile de la modifier de façon à supprimer les
deux enfants dont l'un pose l'ardoise et dont l'autre la retire.
L'appareil de M. Darroux, tel qu'il est établi, coûte 200 à
250 fr.; chaque couteau de rechange avec support vaut
60 fr.

Depuis plusieurs années, on s'est beaucoup préoccupé de
l'application des *fahrkunst* à l'extraction des minerais du sein
de la terre. Dans les fahrkunst, comme dans la warocquière,
deux tiges reçoivent un mouvement vertical alternatif;
l'homme qui veut s'en servir pour descendre dans la mine ou
pour en sortir, profite des temps d'arrêt aux extrémités de la
course pour passer d'une tige à l'autre. Pour résoudre le

problème, il fallait suppléer à l'intelligence et à la volonté de l'homme par un mécanisme qui ne permît pas aux vases d'extraction engagés dans l'appareil, de dévier de la marche qui leur était tracée.

Parmi les diverses solutions qui se présentaient, voici celle qu'a choisie *M. Méhu :* A la fin de chaque double course, les tiges déposent le waggon d'extraction sur un support fixé aux parois du puits, où elles viennent le reprendre à la course suivante, pour l'élever de toute la hauteur de la course.

L'appareil-Méhu se compose de deux couples de tiges parallèles, animées d'un mouvement vertical alternatif, auquel l'inventeur a donné 15 mètres d'amplitude, comme nous le verrons tout à l'heure. Ces tiges sont munies de patins articulés; ces garnitures de patins sont espacées entre elles de 15 mètres. Une couple de tiges sert exclusivement pour l'ascension; l'autre, pour la descente. Chaque système est établi dans un compartiment séparé du puits; celui-ci est divisé en étages d'environ 14 mètres de hauteur, à chacun desquels se trouvent des patins analogues à ceux des tiges, mais dans une situation perpendiculaire, c'est-à-dire, pour supporter les waggons par les deux autres côtés.

Examinons comment l'extraction s'opère par cet appareil :

Les patins fixes, comme les patins mobiles ('), se maintiennent par leur propre poids dans une position horizontale; ils sont mobiles autour de leur point d'attache, au moyen de charnières à talons qui leur permettent de s'effacer de bas en haut.

Qu'au fond du puits on présente un waggon entre les deux tiges, au moment où celles-ci vont descendre, je suppose; les quatre patins qu'elles portent à cette profondeur vont se relever le long du waggon, jusqu'à ce qu'ils l'aient dépassé. Quand les tiges reprennent leur mouvement d'ascension, les

---

(') J'appelle *fixes* les patins attachés aux parois du puits; *mobiles*, ceux qui appartiennent aux tiges.

patins saisissent le waggon par dessous et l'enlèvent au-delà
des patins fixes placés à 14 mètres plus haut ; ceux-ci ne
s'opposent pas au passage du waggon de bas en haut , mais
ils l'arrêtent lorsque les tiges redescendent et le soutiennent
jusqu'à ce que les patins mobiles supérieurs viennent le saisir;
de même et ainsi de suite jusqu'au jour, où le waggon est reçu
par un petit chemin de fer placé sur un double pont à bas-
cule. Ce pont a deux tabliers ; l'un sert pour le compartiment
de la remonte, et il est ordinairement abaissé ; il se soulève
à la fin de chaque course par le jeu d'un taquet ; l'autre ta-
blier, qui couvre le compartiment de la descente, est abaissé
quand le 1er est soulevé et vice-versa.

Dans le système qui sert à la descente, tous les patins sont
maintenus dans une position verticale par des contre-poids ;
de sorte qu'ils passent près des waggons sans les toucher, si
ce n'est lorsqu'ils sont forcés à reprendre l'horizontalité par
un butoir qui agit un instant avant que le waggon doive se
reposer sur les patins.

Plaçons un waggon vide sur le pont, les tiges viennent le
saisir par dessous, le soulèvent de 50 centimètres, puis redescendent avec lui pendant que le double pont retombe de
l'autre côté et laisse le passage libre à la descente. Un renfort
de 1 mètre de longueur, que portent les tiges en dessous des
patins, vient buter contre un levier qui abaisse les patins
fixes; ceux-ci reçoivent le waggon ; les tiges continuent leur
course sur 50 centimètres environ, leurs patins se relèvent
par l'effet des contrepoids, de sorte qu'ils passent à côté du
waggon dans leur course ascendante ; il n'en est pas de
même des patins mobiles immédiatement inférieurs, dont la
queue rencontre un butoir qui les dispose à saisir le waggon.
Celui-ci est encore soulevé de 50 centimètres, ce qui permet
aux patins fixes de s'effacer. Rien ne s'oppose à la descente du
waggon jusqu'à l'étage suivant où le même jeu se reproduit.
Au fond, le waggon est déposé sur une taque inclinée qui l'a-
mène dans la chambre d'accrochage.

Je ne sais si j'ai été assez heureux pour faire comprendre la marche de l'appareil-Méhu ; on la saisit rapidement quand on le voit fonctionner, mais une description, privée du secours du dessin, d'une machine qui comporte tant de détails, est nécessairement longue sans en être plus claire. Espérons que les détails suivants sur la disposition des différentes parties de l'appareil établi par M. Méhu dans la fosse Davy de la compagnie d'Anzin, suppléeront à ce que ma description présente d'incomplet.

Les quatre tiges, établies jusqu'à la profondeur de 200 mètres ont 16 centimètres d'équarissage à la partie supérieure, 12 centimètres à la partie inférieure. Chaque tige porte des traverses dont une sur deux supporte deux patins. Les extrémités de ces traverses se meuvent entre deux pièces verticales servant de guides et formant une partie de la cloison ; celle-ci est complétée par des filières qui doivent aussi servir à maintenir et à conduire les waggons, dans le cas où l'un des patins serait rompu.

Les patins sont en fer ; ceux du côté de la descente sont rendus solidaires deux à deux par une barre horizontale engagée dans une rainure qui est pratiquée dans leur partie postérieure. Cette barre porte la queue, mobile autour d'un point fixe, qui sert de taquet pour abaisser les patins.

Les waggons sont en bois, d'une contenance de 2 $\frac{1}{2}$ hectolitres. Ils roulent dans le sens de leur largeur ; une pareille disposition ne permet pas de les conduire dans les galeries souterraines, aussi les emplit-on au pied de l'appareil. C'est là un vice capital, mais auquel il est très-facile de porter remède.

Tel est l'appareil dont le modèle réduit figurait à l'exposition. Mais quel est le moteur employé ? Par quelle disposition est-on parvenu à donner aux tirants une course qui dépasse 15 mètres ? Quel est le mode employé pour équilibrer le poids des tiges ? Dans quelles conditions marche l'appareil ? Ces questions et plusieurs autres n'ont pu être résolues par le gardien chargé de la montre du modèle ; ma curiosité n'a pu être satisfaite qu'en visitant l'appareil original du puits Davy, qu'à mon grand regret, j'ai trouvé inactif.

Les tiges y sont attachées aux extrémités de deux chaînes anglaises qui reçoivent leur mouvement par l'intermédiaire de deux poulies montées sur le même arbre. Pour moteur, deux machines à vapeur horizontales, à rotation, de 25 à 30 chevaux. Le changement de mouvement est commandé par l'appareil lui-même ; les temps d'arrêt aux extrémités de la course, sont réglés par deux cataractes.

Pour équilibrer l'appareil, on se sert d'un contrepoids dont le bras de levier varie à chaque instant de la course. La chaine qui le supporte s'enroule alternativement sur deux poulies dont la gorge est en spirale et qui sont portées par l'arbre des poulies motrices. Les deux spirales ont leur origine au même point de cet arbre ; leurs courbes sont différentes, puisque les poids des systèmes pour la descente et pour l'ascension ne sont pas les mêmes. Pour que le contrepoids agisse toujours verticalement, il est guidé par un double chemin de fer dans un puits dont les côtés sont obliques à l'arbre. Les courbures du chemin de fer sont construites graphiquement ainsi que celles des spirales.

L'appareil du puits Davy est établi jusqu'à 200 mètres, mais il ne fonctionne qu'à partir de la profondeur de 169 mètres. Dans sa marche normale, il amène au jour un waggon par minute.

On avoue le chiffre de 65,000 fr. pour les frais d'établissement de toute la machine, et M. Méhu évalue à 7 ou 8,000 fr. par 100 mètres courants, l'accroissement de dépenses nécessaires pour l'établir jusqu'à 500 mètres de profondeur.

Il est à peu près inutile de faire ressortir les avantages que présente l'application des fahrkunst à l'extraction ; il est bien évident qu'elle permet d'augmenter considérablement les quantités de minerais amenées au jour par un même siége, quantités qui ne seront limitées pour ainsi dire que par la

puissance du moteur appliqué à l'appareil ; elle supprime, pour
les remplacer par de légers frais d'entretien, le renouvelle-
ment des cordes et des cuffats. Cette dépense est très considérable et se règle annuellement par milliers de francs pour chaque siége d'exploitation. Par cet emploi des fahrkunst, on évite
encore les accidents si fréquents résultant de la rupture du
câble ou des chaînes d'extraction, et les chômages plus ou
moins prolongés qui en sont la conséquence. La descente et
la remonte des ouvriers s'effectuent d'une façon bien plus sûre
que par les moyens ordinaires ; un puits aux échelles devient
inutile et c'est là une grande considération dans l'établissement d'un nouveau siége d'exploitation dans les localités où
les règlements exigent l'adjonction d'un puits spécial pour les
échelles.

Plus la profondeur de l'exploitation augmentera et plus les
avantages seront sensibles. Dans les appareils dont nous nous
occupons la quotité de l'extraction ne dépend nullement de la
profondeur de l'exploitation, comme dans le système actuel
où elle est limitée par la contenance des bennes et par leur
vitesse d'ascension. En outre, le temps employé à descendre
et à remonter les ouvriers par le cuffat deviendra de plus en
plus long et restreindra d'autant le temps consacré à l'extraction des produits de la mine. Si, au contraire, les ouvriers
pénètrent dans celle-ci, par des échelles ordinaires, c'est pour
eux une fatigue qui augmente avec le chemin à parcourir de
cette façon, et qui diminue d'autant la quantité de travail
qu'ils peuvent produire dans leur journée.

La profondeur à laquelle sont portés les travaux dans notre terrain houiller croît assez rapidement pour que ces questions soient pour la Belgique du plus haut intérêt.

M. Méhu a le mérite d'avoir le premier établi une fahrkunst
servant à l'extraction du charbon. Malheureusement son appareil est d'une construction très-coûteuse ; il est assez compliqué pour qu'on soit fondé à prévoir des dérangements dans
sa marche. Aussi ne pouvons-nous résister au désir de le

comparer à un appareil analogue, inventé par M. Guibal, professeur à l'école des mines de Mons.

M. Guibal a tout bonnement approprié la Warocquière à l'extraction; pour forcer chaque waggon à changer de palier, il incline, au moment voulu, celui sur lequel le véhicule se trouve. Les waggons agissent donc dans cet appareil comme les hommes dans une fahrkunst, en passant d'un palier à un autre amené au même niveau, pour recevoir ensuite le mouvement ascendant ou descendant du système sur lequel ils sont placés.

Chaque palier se compose d'un cadre en bois qui supporte deux rails formés d'une seule barre de fer plat pliée en forme d'étrier. La courbe qui est à l'arrière se relève pour offrir un arrêt au waggon qui arrive avec une certaine vitesse. Le cadre reste toujours horizontal, les rails seuls basculent autour du support antérieur. Les paliers du même système sont portés par quatre tirants en fer, assemblés à vis et douille à chaque étage. L'ensemble de l'appareil se compose donc de deux systèmes semblables doués d'un mouvement vertical alternatif, qui servent à la descente comme à l'ascension, avec cette restriction que le même palier ne peut pas servir à l'un et à l'autre usage; aussi l'appareil de M. Guibal présente alternativement une couple de paliers pour l'ascension et une couple de paliers pour la descente. Dans les fahrkunst ordinaires, la distance verticale entre deux paliers consécutifs est égale au double de la course, puisque chaque tirant fait la moitié du chemin. L'alternance des paliers d'ascension et des paliers de descente réduit cette distance de moitié dans l'appareil Guibal, de sorte qu'un palier quelconque n'y termine sa course que vis-à-vis du second palier qu'il rencontre. On conçoit la nécessité de cette disposition quand on réfléchit que les arrêts qui soulèvent les petits chemins de fer servant à la descente, doivent agir de bas en haut, au contraire de ceux qui servent à la remonte. Ainsi ces derniers agissent sur un levier convenablement coudé qui forme, pour ainsi dire, le prolongement antérieur du chemin de fer et qui, en s'abaissant, force celui-ci à se soulever ; chaque palier pour la descente porte tout simplement à l'arrière un taquet qui, venant se reposer sur un arrêt fixe, donne aux rails l'inclinaison nécessaire pour les débarrasser, au bas de la course, du waggon qu'ils portent.

Une condition essentielle à remplir, c'est que le waggon ne puisse pas rouler bas d'un palier pendant la course ; on y parviendrait efficacement en donnant aux rails dans leur position normale une légère pente vers l'arrière ou même une courbure qui produirait le même effet.

Dans un projet qu'a fait M. Guibal pour une mine du Couchant de Mons où il espère voir adopter son appareil, il lui donne 6 mètres de course avec une vitesse moyenne de 1 mètre par seconde. Chaque système oscillant composé de quatre tiges de fer avec paliers de 6 mètres en 6 mètres, pèserait à vide 250 kilog. environ par tronçon de 6 mètres. L'auteur porte à 50 francs, par mètre courant, le prix de son appareil. Pour élever à la surface, d'une profondeur de 400 mètres, 3 à 4,000 hectolitres de charbon par 10 heures de travail, M. Guibal estime qu'une machine à vapeur de la force de 40 chevaux serait suffisante.

Dans l'appareil-Méhu, s'il arrive qu'un patin soit rompu, ou que son jeu soit interrompu, qu'adviendra-t-il du waggon qui est en route ? En atteignant cet étage, il va prendre une position oblique et sera guidé, dit-on, dans son mouvement vertical par les filières qui règnent le long du puits. Mais si le même accident arrive à deux patins situés du même côté, le waggon tombera du haut en bas de l'appareil, ou, tout au moins, il s'engagera de travers dans celui-ci de manière à s'opposer à son mouvement, comme nous l'avons vu arriver plusieurs fois dans le petit appareil de l'exposition qui était, à la vérité, mal construit. Un autre cas peut encore se présenter, un waggon qui doit faire place à un autre peut rester dans sa position ; c'est encore là une source d'accidents graves, car le waggon qui suit celui qui est arrêté, viendra se déposer sur lui, s'il est en descente, ou le soulèvera, s'il remonte. Avec le système-Guibal un pareil conflit n'est guère possible ; dans un cas semblable, le waggon arrivant choquera le waggon en place, mais reprendra la sienne aussitôt que l'appareil se remettra en mouvement et ainsi de proche en proche.

Disons aussi que M. Guibal supprime les chaînes à la Vaucanson, en conservant les avantages des machines à rotation ; son système est une modification de la *balance hydraulique* appliquée à l'appareil que M. Warocqué a fait construire à Mariemont. Le moteur y donne le mouvement à un piston dans un cylindre horizontal plein d'eau ; cette eau est ainsi chassée alternativement dans deux cylindres verticaux d'un diamètre moindre et dont les pistons supportent les systèmes oscillants. Les vitesses des pistons dans les cylindres verticaux et dans le cylindre horizontal sont en raison inverse de leurs sections ; on peut donc donner à l'appareil une course assez grande en conservant à la machine à vapeur ses conditions les plus favorables.

Dans la spécification du brevet d'invention que M. Guibal demande pour son appareil, il décrit l'application du même système à l'épuisement des eaux.

J'ai remarqué au puits Davy l'emploi d'un porte-voix ou tuyau en zinc pour communiquer du fond au jour. Je suis étonné que ce système de communication ne soit pas plus répandu dans l'intérieur des fosses ; depuis longtemps on l'a adopté pour les communications des receveurs ou tireurs avec les machinistes. Les moyens de correspondance actuels dans les fosses profondes sont, ou des sonnettes posées au jour et dont le cordon parcourt toute la hauteur du puits, ou des tambours en bois placés aux chambres d'accrochage. Ces derniers sont insuffisants pour de grandes profondeurs et pour des fosses sourdes. Le principal inconvénient des sonnettes consiste dans la longueur du cordon formé de tiges de fer qui se décrochent et se brisent souvent. La manœuvre en est difficile , au point que l'ouvrier qui donne le signal n'est jamais sûr du nombre de coups de sonnette qu'il a donnés. L'emploi de ces deux moyens est, en outre, limité à quelques signaux ; il faut souvent suppléer à leur insuffisance par l'envoi de billets attachés au cable d'extraction. Par un tuyau qui longe la fosse , la voix arrive jusqu'à l'oreille qui doit l'entendre et peut transmettre sûrement et rapidement un ordre ou une nouvelle quelconque.

Le porte-voix en zinc peut remplacer avantageusement partout les sonnettes ; il n'en est pas toujours de même pour les tambours : ceux-ci sont d'un usage économique et employés surtout dans les puits non cloisonnés , où les cuffats ne sont pas guidés. Pour établir un porte-voix dans de pareilles fosses, il faudrait le protéger contre le choc des bennes.

Le prix des tuyaux de zinc (à peu près 2 fr. le mètre courant) n'est pas un obstacle à leur emploi dans les mines.

A côté de l'appareil Méhu figurait un parachute pour les mines qui n'est que le *parachute-Demeyer,* muni d'un second *parapluie* en tôle au-dessous du frein. On sait en quoi consiste cette invention : c'est un appareil qui se place au-dessus du vase d'extraction et qui sert d'intermédiaire entre celui-ci et le câble. Deux freins destinés à agir contre les parois du puits et quatre couteaux destinés à y pénétrer sont mis en jeu par la détente de trois ressorts à boudins. Ces ressorts sont tendus par le câble d'un côté , de l'autre par le cuffat. Ils agissent lorsque l'effort du câble sur eux vient à cesser.

M. Wellekens, ingénieur en chef des mines, a fait sur cet appareil des expériences dont le résultat a été très satisfaisant. Nous renvoyons pour le détail des essais et la description de l'appareil aux *Annales des travaux publics,* t. 7, p. 348 , et au *Bulletin du Musée de l'industrie,* t. 14, p. 74.

L'efficacité du parachute Demeyer est parfaitement établie; malheureusement, il ne peut pas fonctionner dans un puits non cloisonné ; il faut, en outre, que la section de celui-ci soit assez régulière. Or, la plupart des fosses de notre pays ne se trouvent pas dans ces conditions-là et la dépense nécessaire pour les y mettre est trop considérable pour qu'on n'y regarde pas à deux fois. Le prix de l'appareil (1,000 fr., si ma mémoire est bonne), et son poids (300 kil.) dont le câble serait surchargé, arrêtent aussi beaucoup d'exploitants.

Un autre parachute des mines attirait les regards au milieu des instruments de précision. Son inventeur, M. Chuart, guide chaque benne par un chemin de fer vertical dont le rail à bourrelet est embrassé par deux pattes fixées à la benne. Lorsque le câble d'extraction se détend, le propre poids de la benne fait agir un levier qui enfonce un coin, de bas en haut, entre le rail et la patte; l'arrêt est instantané. Je ne m'arrête pas plus longtemps sur cet appareil, parce qu'il n'est pas applicable dans l'industrie, sans de profondes modifications. Sans parler du coûteux établissement de deux chemins de fer, on ne comprend pas la possibilité de la manœuvre au jour, du culbutage des bennes traversées d'outre en outre par une tige rigide et reliées à un chemin de fer dans lequel il faudrait engager chaque fois les pattes de la benne ([1]).

La chute d'un cuffat n'est pas toujours la suite de la rupture du câble d'extraction; quelquefois c'est la chaîne qui le termine qui se brise, ou bien les chaînettes d'attache du cuffat. L'emploi d'un parachute n'évite pas cette chance d'accident ; aussi avons-nous été charmés de rencontrer de nouvelles chaînes que l'inventeur annonce être trois ou quatre fois plus résistantes, à section égale, que les chaînes en fer que l'on emploie habituellement.

M. *Sisco* forme les maillons de ses chaînes en enroulant autour d'un mandrin soit du fil de fer, soit des lanières de tôle,

([1]) Nous apprenons que M. Albert Gendebien est l'inventeur d'un système analogue ; il applique de la même façon le coin pour arrêter la chute des vases d'extraction qui sont déjà guidés par des cordes, par des rails ou par des madriers.

que l'on maintient provisoirement par quelques ligatures en fil de fer. Il plonge la chaine ainsi formée (après un décapage convenable) dans un bain de cuivre, de bronze ou de laiton fondu et il l'y laisse séjourner de 4 à 5 minutes. Après les en avoir retirées, on enlève les ligatures. Les chaînes sont parfaitement brasées, le métal fondu a pénétré dans tous les interstices et chaque maillon ne forme plus qu'un tout parfaitement sonore.

La résistance de ces chaînes a été l'objet d'essais à l'amirauté de Londres. M. Sisco n'ayant pu m'en procurer les procès-verbaux, je tairai les chiffres énormes qu'il dit y avoir été obtenus. Si les assertions de l'inventeur sont exactes, ce dont il est facile de s'assurer, nous ne saurions trop recommander l'emploi des *chaînes-Sisco*. Il serait même à désirer qu'un règlement de police en prescrivît l'emploi quand les cuffats servent au transport des hommes. Des expériences sur ce sujet ne peuvent manquer d'être intéressantes. On pourrait aussi essayer d'y remplacer le laiton ou le bronze par du zinc; cette galvanisation aurait des effets très heureux quant à la durée des chaînes, dont le prix serait ainsi abaissé; reste à savoir dans quelle proportion la force de la chaîne brasée en serait diminuée.

M. Chuart, dont nous parlions tout-à-l'heure, a aussi exposé un instrument qu'il appelle *gazoscope* et qui est destiné à « faire connaître dans une enceinte close, comme un ma-« gasin, une galerie de mine, la formation des mélanges ga-« zeux détonants, avant que l'explosion soit possible. »

Cette invention a valu à son auteur un prix de 2,000 fr. de l'académie des sciences, une médaille d'argent de la société d'encouragement et une médaille de bronze à l'exposition de 1844.

L'instrument est un véritable aréomètre formé d'un ballon très léger réuni par une tige verticale à un flotteur lesté qui plonge dans l'eau d'une petite cuve fermée par un couvercle. La tige métallique, qui passe à travers ce couvercle, porte une aiguille pour indiquer sur une échelle les proportions

du mélange gazeux. Le ballon étant convenablement lesté
pour marquer zéro au haut de l'échelle, dans de l'air pur,
on comprend que, transporté dans un gaz moins dense, le
ballon descendra et que l'aiguille indiquera la proportion du
mélange gazeux sur l'échelle dressée par expérience. Pour at-
tirer l'attention lorsque le mélange devient détonant, le mouvement descendant du ballon fait agir une sonnerie ; la quantité de ce mouvement n'étant pas suffisante pour faire partir
un déclic, M. Chuart a employé un moyen très ingénieux pour
l'augmenter : un aimant fixé sur le couvercle de la cuve hâte
la chute de l'aréomètre dès qu'un petit disque en fer, fixé à la
tige de celui-ci, arrive dans la sphère d'attraction de l'aimant.
Ce disque touche un faible déclic qui laisse échapper une petite balle de plomb ; celle-ci, tombant d'une hauteur de 10 à
15 centimètres, produit un choc capable de faire partir la
détente d'un mouvement d'horlogerie adapté à une sonnerie.

Les ballons, de 16 centimètres de diamètre, sont en cuivre
ou en argent repoussé au paquet ; les premiers pèsent 22
grammes, les seconds, 14 grammes seulement. Pour rendre
l'appareil plus portatif, on peut employer un ballon en caoutchouc ramolli et soufflé.

M. Chuart, qui a la prétention d'appliquer cet instrument
dans les mines, veut surtout le faire servir à indiquer après
le chômage du dimanche, si les travaux sont infectés de grisou.
Pour remplir ce but, il fallait que les avertissements de l'appareil fussent assez bruyants pour être entendus de loin ; il
fallait en outre qu'ils durassent assez longtemps après le jeu
de l'aréomètre. Une sonnerie mise en mouvement par un
poids comme un réveil, peut jouer aussi longtemps que l'on
veut ; cela ne dépend que de la longueur de la corde qui soutient le poids, mais on ne peut pas disposer partout d'une
grande hauteur verticale. M. Chuart est parvenu à dérouler
une corde d'une longueur quelconque sur une hauteur verticale très petite (1 à 2 mètres) par un moyen bien simple.
Il enferme une série de boulets pesants dans un cylindre hori-

zontal, creux et fermé par une suite de soupapes coupées en biseau à l'intérieur et pouvant glisser facilement dans une coulisse longitudinale. Chaque boulet correspond à une soupape et est attaché par un petit cordon à une corde qui s'enroule autour du cylindre et qui tient les soupapes fermées en les empêchant de glisser. Aussitôt que le gazoscope fait partir la détente, le cylindre commence à tourner jusqu'à ce que le premier boulet, qui est attaché librement au bout de la corde arrive sur le sol ; à ce moment la première soupape est dégagée, elle glisse de côté pressée par un boulet qui sort et continue à faire tourner le cylindre et ainsi de suite jusqu'au bout.

Quoiqu'en dise son auteur, cet appareil n'est guère applicable dans les mines ; on ne comprend pas la possibilité de confier aux mains grossières des mineurs, ni de laisser séjourner dans les travaux des mines un appareil aussi délicat; la poussière et l'humidité en auraient bientôt fait justice. D'ailleurs, il faudrait une foule d'instruments semblables pour la même mine, un point de celle-ci pouvant être parfaitement sain, tandis qu'un autre est infecté de grisou. Une bonne lampe de sûreté peut donner les mêmes indications et mérite bien plus de confiance.

Nous concevons l'utilité du gazoscope dans des lieux clos de peu d'étendue, dans des ateliers éclairés au gaz, par exemple, où leur emploi préviendrait des explosions dues aux fuites de gaz, genre d'accident dont les exemples assez nombreux se multiplient chaque jour en raison de l'extension que prend l'éclairage au gaz.

On peut aussi disposer cet instrument pour indiquer la présence de l'acide carbonique.

M. Chuart travaille en ce moment à deux lampes de sûreté. Dans la première il veut supprimer complétement la communication avec l'air extérieur ; cette lampe serait alimentée par les gaz résultant de la distillation du nitrate ammonique. Cette décomposition s'opère dans la lampe même et par sa

propre chaleur aidée au commencement par une petite lampe
à esprit de vin, pour la mise en train. Jusqu'aujourd'hui
M. Chuart n'est parvenu qu'à faire une lampe très lourde et
qui ne peut fournir que quelques heures d'éclairage. L'autre
lampe de sûreté qu'il travaille, est une lampe à huile, dans
laquelle l'air extérieur pénètre par un conduit en spirale. Un
petit piston suspendu entre les deux tours du conduit peut
boucher instantanément l'entrée d'air; cet effet se produit
lorsque l'intérieur de la lampe est plein de gaz enflammé;
alors le simple fil qui soutient le piston est brûlé et le piston
a fermé l'orifice extérieur avant que le courant enflammé ait
eu le temps de parcourir le conduit en spirale. Le jeu de ce
piston, subordonné à la destruction d'un fil, me paraît d'autant
moins sûr, que la poussière et l'huile auront bientôt formé un
cambouis qui s'opposera à tout mouvement de sa part. On
nous pardonnera d'avoir signalé ces essais malheureux jusqu'à
présent, en faveur de l'importance du sujet; peut-être les
indications qui précédent donneront-elles à réfléchir à quelque esprit inventif : cette éventualité seule nous justifie.

FER.

Nous arrivons à la partie la plus brillante de l'exposition,
celle, peut-être, où l'on peut constater les plus grands progrès.
L'établissement des grandes voies ferrées, l'extension que
prend l'emploi du fer dans les constructions civiles comme
dans les constructions navales ont singulièrement développé
l'industrie sidérurgique en France. Les fers de grandes dimensions pour charpentes, les fortes cornières, les grands
fers à T et à double T, qu'on ne savait comment se procurer,
il y a à peine quelques années, sont maintenant d'une fabrication courante, comme on peut s'en convaincre en visitant
quelques laminoirs, ou seulement leurs magasins et leurs dé-
pôts. Les commandes faites par l'État pour sa marine, les
constructions des gares gigantesques de plusieurs chemins de
fer, soutiennent cette fabrication, en attendant qu'elle s'in-
troduise dans les autres édifices, et dans les habitations ; il

n'est déjà pas rare de voir à Paris des maisons où le bois ne
se montre plus que dans les ouvrages de menuiserie. Espérons
que la Belgique ne restera pas en arrière de ce progrès et
que nos architectes élargiront ce débouché pour nos usines
qui ne demandent que l'occasion pour faire aussi bien que
les usines françaises. Nous n'avons pas ici à faire l'éloge de
ces dernières, cependant nous ne pouvons pas nous dis-
penser de citer l'usine de Montataire pour ses cornières de
90 millimètres, de 13 à 15 mètres de longueur, pour ses
feuillards de 10 à 20 mètres, pour ses T de 90 à 140 millimètres et de 10 à 12 mètres de longueur, pour ses carrés et
ses ronds de 130 à 135 millimètres, dont chaque barre pèse
de 7 à 900 kil., pour ses grandes et belles tôles (longueur
13 mètres), pour ses fers à vitrages de modèles très variés
et d'une exécution parfaite. Mettons sur la même ligne les
forges de la Providence qui ont exposé, outre une foule d'échantillons, une tôle de 600 kil., des fers à T et des fers pour
grillages de 12 mètres de longueur et surtout des charpentes
complètes de différents modèles.

Le marteau-pilon à vapeur ne s'est pas présenté à l'exposition ; il s'est contenté d'y envoyer ses œuvres de tous les
points de la France. On le reconnaît dans les arbres et dans
les pièces de la machine de 400 chevaux destinée au vapeur
le Bertholet, qu'a exposé *le Creusot ;* dans les canons en fer
forgé d'*Audincourt ;* dans les essieux coudés, le mortier en
fer forgé, etc., de MM. *Petin et Gaudet* à Rive-de-Gier ([1]);
enfin dans tous les coins de ces galeries.

Dans les quelques usines, forges et ateliers de construction
que j'ai pu visiter, j'ai remarqué l'application générale du

([1]) Il n'est pas un visiteur qui ne se soit arrêté et extasié devant un arbre
creux avec renflements intérieurs qui faisait partie de l'exposition de MM. Petin
et Gaudet. Ces fabricants font un secret du tour de main nécessaire pour forger
une pareille pièce : nous ne pensons pas qu'ils procèdent autrement qu'on ne
l'a fait à Seraing pour forger une pièce analogue qui présentait en outre une
double courbure. On suppose le cylindre développé et on donne à cette pièce
la forme nécessaire ; on rapproche les bords et on les soude sur mandrin, en
commençant par le renflement le plus fort.
Cet arbre est destiné à porter une hélice.

principe recommandé par MM. Thomas et Laurens, la division des moteurs. Chaque outil est mû par une machine à vapeur spéciale marchant à grande vitesse. La vapeur y est toujours employée à haute-pression (de 4 à 8 atmosphères). Aux marteaux et aux cisailles, on applique des machines à cylindre oscillant, qui, de toutes, occupent le moins de place et qui offrent une grande simplicité dans la transmission de mouvement. On applique, de préférence, aux laminoirs, les machines horizontales à cylindre fixe ; leur poids moindre, leur facilité d'établissement et d'entretien, leur bas prix sont des raisons suffisantes pour justifier la vogue dont elles jouissent ; ajoutez-y la possibilité de les faire marcher à grande vitesse, de manière à se rapprocher de celle des trains, ce qui permet de simplifier les engrenages dont les réparations sont si fréquentes.

On n'applique guère l'oscillation aux machines dont la force dépasse 20 chevaux ; la masse du cylindre devient trop considérable, le nombre de révolutions est par là limité et les pertes de vapeur à la distribution deviennent plus sensibles. Nous avons cependant vu deux machines horizontales à cylindre oscillant, de 120 chevaux chacune, faisant mouvoir les laminoirs de *Montataire* et dont on paraît très satisfait. Il est vrai que ces machines, sortant des ateliers de Cavé, sont parfaitement construites.

Le puddlage par le gaz des hauts-fourneaux, dont l'apparition a fait tant de bruit, est presque généralement abandonné aujourd'hui. Il est néanmoins résulté de ces essais qu'on s'est demandé s'il n'y aurait pas avantage, au lieu d'employer directement les combustibles, à les transformer en gaz combustibles, dans des appareils *ad hoc.* L'immense avantage que présentait ce mode de faire, c'était d'utiliser des combustibles de peu de valeur, des menus, des débris, du fraisil qui jusqu'alors étaient, pour ainsi dire, sans emploi.

Dès 1841, M. Ebelmen, on s'en souvient, avait fait des essais en ce sens. A la même époque, des générateurs à gaz étaient établis à Königshütte, en Silésie, pour le mazéage de la fonte. Depuis, il a été construit des appareils analogues dans plusieurs usines en Allemagne ; aujourd'hui l'usine d'Audincourt présente à l'exposition un modèle de son générateur à gaz. Le procédé consiste dans l'introduction de l'air à travers une couche de combustible plus ou moins épaisse ; cette opération s'effectue dans un fourneau à cuve, qui reçoit par sa partie supérieure le chargement en combustible mélangé de fondants et de scories de forges, quand cela est nécessaire. Ce fourneau a un creuset pour recevoir les matières scorifiées et les cendres. Le courant d'air y est forcé par plusieurs tuyères ; les gaz combustibles s'échappent par un conduit latéral et vont brûler dans les fours à réchauffer. C'est maintenant un procédé manufacturier, appelé à rendre des services dans les localités où le combustible est d'un haut prix, comme dans celles où l'on ne dispose que d'un combustible difficile à brûler sur les grilles ordinaires. Il est applicable au chauffage des chaudières comme au puddlage et au réchauffage du fer.

Un grand nombre d'usines avaient envoyé à l'exposition des échantillons de *bandages*. Nous n'avons distingué dans aucun la présence simultanée du grain à la circonférence extérieure et du nerf à la partie intérieure, qu'on remarque dans les bandages qui sortent des usines de Couillet, par exemple. Cette combinaison réunit la force à la dureté ; elle rend le bandage moins fragile.

L'usine de Montataire est brevetée pour une fabrication particulière d'acier pour bandages. Son procédé consiste dans le puddlage d'un mélange en proportions variables d'acier et de fonte d'affinage ; ces proportions sont moyennement un tiers d'acier (riblons, déchets, etc.,) et deux tiers de fonte. On peut placer le mélange à la fois dans le four à puddler ou n'ajouter l'acier que par portions, quand la fonte est déjà en fusion. Le brassage et le cinglage ne présentent aucune particularité. Ce mode de fabrication permet de livrer les bandages à 25 p. c. à meilleur compte que ceux fabriqués avec du fer de Lowmoor. Des expériences ont été faites sur les bandages de Montataire, aux chemins de fer d'Orléans et de Saint-Germain ; les procès-verbaux de ces essais m'ont été promis, je les attends encore ; mais, si ma mémoire est fidèle, une usure d'un millimètre aurait été produite sur les bandages d'un waggon chargé, par un parcours de 3300 kilomètres sur le chemin de fer d'Orléans, de 5122 kilomètres sur le chemin de fer de Saint-Germain. Les usines françaises sont fortement intéressées à améliorer cette fabrication, parce que, chez presque toutes les compagnies de chemins de fer, l'entreprise de la fourniture des roues n'en forme qu'une avec celle de leur entretien et de leur réparation.

Un brevet d'importation a été accordé en Belgique, à M. Mesdach, pour cette fabrication.

On nous assure que des essais se font en ce moment sur le chemin de fer de l'État pour la comparaison des bandages d'origines diverses ; attendons-en le résultat, en faisant des vœux pour que nous soyons libérés du tribu que nous payons à Lowmoor.

Les galeries des métaux nous montrent encore, à côté des tiges de pistons en acier de 300, 400 et jusqu'à 1000 kil., d'autres tiges destinées à remplacer celles-ci. Elles sont en fer revêtues d'acier à la surface, ce qui en diminue considérablement le prix.

Les usines de Montataire s'occupent aussi du *plombage* des tôles. Les tôles plombées sont appelées à remplacer, pour certains usages, le fer blanc ; elles présentent sur ce dernier, l'avantage d'être livrées en feuilles de grandes dimensions ; l'usage en est plus économique. La couche de plomb dont la tôle est revêtue, étant assez épaisse, est une garantie contre l'oxidation. Nous ne pensons pas, néanmoins, que ce produit puisse lutter avec succès contre la *tôle zinguée*. Celle-ci a eu de la peine à faire son chemin ; depuis douze ans qu'on galvanise le fer par des procédés industriels, il est encore une foule d'usages où le *fer galvanisé* n'a pas de concurrence à redouter et où il ne parvient pas à s'imposer, malgré les rapports favorables de tant de commissions qui s'en sont occupées. Tous les fers exposés à l'humidité et susceptibles de se rouiller devraient être zingués, chaque fois que l'enduit de zinc ne sera pas un inconvénient. Cette industrie a fait beaucoup de progrès ; entre autres l'emploi, pour le décapage, des eaux acides provenant de l'épuration des huiles d'éclairage, a permis de zinguer la fonte aussi bien et aussi économiquement que le fer.

M. Chenot, ancien élève de l'école polytechnique, nous promet une révolution dans la fabrication du fer. Il réduit les oxides de fer au moyen de l'hydrogène carboné : il obtient ainsi une *éponge de fer* facile à pulvériser, à tailler au couteau, susceptible d'une foule d'applications.

M. Chenot veut d'abord qu'en cinglant cette *éponge*, on en obtienne du fer de bonne qualité ; l'essai n'en a pas été fait, et il reste à savoir si le réchauffage suffirait pour scorifier les gangues de façon à ce qu'elles soient expulsées au cinglage ; cela est fort douteux. Si M. Chenot ne parvient pas à éteindre la plupart des hauts-fourneaux, il trouvera au moins une consolation dans le grand nombre d'usages qu'on découvrira pour son éponge.

On confectionne des meules artificielles et des pierres à repasser excellentes avec un mélange d'éponge en poudre avec 6 à 7 parties de silice en gelée. Avec le plâtre, le sable ordinaire ou même avec la terre, l'éponge métallique forme des ciments qui prennent corps immédiatement. L'inventeur avance que des dallages faits avec ce ciment ne coûteraient que 40 centimes à 1 franc au mètre carré. Ce ciment offre tous les avantages de celui qu'on fait avec la limaille de fer ; il a, en outre, celui de prendre corps immédiatement, propriété qu'il doit au grand état de division du fer dans l'éponge. On emploierait avantageusement celle-ci, pour former le *mastic de fer* qui sert à relier certaines pièces de fonte ou de fer, telles que les bouilleurs des chaudières à vapeur, etc.

L'éponge de fer a encore un débouché tout prêt dans la métallurgie du cuivre, pour précipiter ce métal des eaux qui le tiennent en dissolution.

L'appareil dont se sert M. Chenot pour la réduction des oxides de fer est un cylindre applati en tôle dans lequel il place le minerai qu'il fait traverser par un courant d'hydrogène carboné obtenu par la distillation de la houille. La production du gaz et la réduction des oxides n'exigent qu'un seul foyer. L'inventeur espère trouver du bénéfice à vendre l'éponge à raison de 40 francs la tonne ; comme sa fabrication n'est pas montée encore sur un pied suffisant pour en juger, nous n'admettrons, ni ne contesterons ce chiffre.

Nous avons entendu prétendre qu'en arrêtant la réduction au degré voulu, on pourrait produire à volonté les autres oxides de fer, l'aimant, p. ex., et qu'on parviendrait de la sorte à produire des aimants *naturels* de dimensions extraordinaires.

Si ce mode de fabrication du fer ne vous convient pas, le même exposant vous en offre un autre. Au moyen de la vapeur d'eau aidée d'une température suffisante, il ramène la fonte à l'état de fer malléable. Ce travail demandant assez de temps (une semaine ou deux, selon les dimensions des fragments), on est libre de s'arrêter en chemin, pour obtenir à volonté, de l'acier sauvage, de l'acier ordinaire ou du fer plus ou moins aciéreux. Ceci n'est-il pas parfaitement applicable à la fabrication de la *fonte malléable ?* C'est une question de prix de revient, et rien de plus.

Je passe outre à la fonte malléable; les deux malheureuses boutiques garnies de ce produit ne m'ont rien offert qui fut supérieur à ce que l'on fabrique en Belgique, si ce n'est comme objets d'art, pour lesquels tout le mérite consiste dans la retouche et la dernière main.

Nous ne nous arrêterons pas à faire l'éloge de tous les produits plus ou moins remarquables qui nous ont frappé ; nous serions même passés devant les tuyaux en fer étirés à chaud de *M. Gandillot* et autres, sans en parler, si nous n'avions pas été témoins de la surprise de plusieurs industriels devant les produits de cette fabrication, qu'ils auraient dû connaître

vingt-cinq fois depuis vingt-cinq ans qu'on étire et qu'on soude
de semblables tuyaux des dimensions les plus variées. Nous
nous bornons à renvoyer les curieux au rapport de M. Jobard
sur l'exposition de 1839 (t. 1, p. 213) et au traité de métallurgie de MM. Flachat, Barrault et Petiet ; ils trouveront
à ces deux sources des détails suffisants sur cette industrie qui s'exerce actuellement sur de grandes proportions.
Puisque nous en sommes aux tuyaux, disons deux mots de
ceux en tôle galvanisée étirés à froid et agrafés. La feuille
de tôle zinguée qui forme ces tuyaux, est pliée à peu près cir-
culairement ; les deux bords sont rapprochés et repliés en
dedans. L'agrafe est formée par une languette aussi en tôle
galvanisée, de même longueur que le tuyau ; cette languette
est aussi repliée longitudinalement de façon à embrasser les
rebords de la feuille principale. L'agrafure s'achève et se serre
par un seul étirage à froid à travers deux filières voisines.
La première est garnie d'une petite languette qui force les
bords recourbés du tuyau à s'engager dans les bords de
l'agrafe. Il ne reste plus qu'à couler de la soudure dans la
jointure longitudinale. Le rapport du jury de l'exposition de
1844 constate qu'un tuyau de 4 centimètres de diamètre intérieur et de 1 millimètre et un quart d'épaisseur, fabriqué
comme nous venons de le dire, sous ses yeux, a supporté une
pression de plus en plus forte, jusqu'à 22 atmosphères, sous
laquelle l'agrafe s'est ouverte. Un autre tuyau, des mêmes
dimensions, mais soudé depuis quelques jours a supporté
parfaitement une pression de 32 atmosphères et ne s'est ouvert que sous une pression de 40 atmosphères.

Le raccordement des *tuyaux-Ledru* se fait par une vis en
fonte. Ces tuyaux ont, sur ceux de *Chameroy*, dont nous al-
lons parler, l'avantage de la légèreté ; mais ils ne leur sont
pas comparables sous le rapport de la durée ; leur prix est
d'ailleurs un peu plus élevé.

Les tuyaux en tôle et bitume de *M. Chameroy* ne sont pas
un produit nouveau, puisque leur fabrication date de dix-huit

ans au moins ; quatre ans plus tard, 50,000 mètres de ces tuyaux étaient posés ; à l'heure qu'il est, la compagnie Chameroy en a placé 370,000 mètres, tant à Paris que dans les départements.

Les tuyaux-Chameroy se confectionnent en tôle de 1 à 3 millimètres d'épaisseur ; leur diamètre varie depuis 27 millimètres jusqu'à 50 centimètres. Leur fabrication exige assez de soins ; la tôle doit être étamée, au moins sur ses bords, on la cintre ensuite ; les bords en sont rivés avec des clous en fer étamé, placés au marteau ; après quoi on les soude. Les deux extrémités du tuyau sont évasées, pour recevoir d'un côté un écrou, de l'autre une vis, que l'on coule en place ; le métal qui les forme est un alliage dur d'étain, de plomb, d'antimoine et de cuivre. L'écrou se coule sur un moule intérieur en fonte maintenu par du sable ; pour les gros tuyaux, ce moule est en plusieurs pièces ; pour les petits, il est d'une seule pièce et doit se dévisser hors de la partie coulée. Le métal coulé a une épaisseur de 3 à 4 centimètres. Ce joint est parfait, surtout quand on l'enduit d'huile et de minium, lors de la pose.

En cet état, les tuyaux, de 3 mètres de longueur, sont éprouvés à dix atmosphères, au moyen d'une presse hydraulique. Ceux qui résistent à l'épreuve sont enduits d'une couche de goudron et enveloppés de ficelle ou de chanvre pour faciliter l'adhésion du bitume dont on va les revêtir. Le bitume préparé avec du brai sec, avec des résidus distillés provenant de la fabrication du gaz d'éclairage et avec du sable fin, est coulé sur une couche de petits cailloux de rivière. On roule le tuyau sur ce bitume jusqu'à ce qu'il en soit recouvert sur une épaisseur de 13 à 15 millimètres ; on le roule de même sur du sable plus fin et le tuyau est ainsi terminé en quelques minutes. Il peut alors servir de conduite de gaz, mais quand on veut l'utiliser comme conduite d'eau, il est convenable de l'enduire intérieurement d'une couche de bitume fin qui a tout le poli d'un beau vernis. Ces tuyaux présentent l'avantage d'être

2*

presqu'inoxidables; leur prix est peu élevé; leur système d'assemblage est supérieur à tout ce qui a été essayé jusqu'à présent, ces joints à vis pouvant s'adapter à des raccords à plusieurs branches, à des tuyaux en plomb ou en fonte, comme à des tuyaux en tôle.

Les tuyaux-Chameroy, parfaitement appréciés par l'académie des sciences, ont valu à leur inventeur, le premier prix de la fondation Monthyon, en 1845.

FONTE BRUTE ET MOULÉE.

Un petit nombre d'exposants présentaient des échantillons de fonte; ces objets n'ont de mérite que pour bien peu de personnes et chacun préfère offrir une exposition qui frappe d'avantage les yeux. Ainsi les fontes de *Niederbronn*, présentées sous des formes peu habituelles et bien garnies d'étiquettes explicatives, attiraient tous les regards; on y voyait en effet une tige coulée de première fusion, qui a soutenu une épreuve de 2,000 kil., au centimètre carré de section; des clichés pour la lithographie, aussi de première fusion, plaques de 5 à 8 millimètres d'épaisseur, de 20 centimètres de largeur sur 40 de longueur, dont la surface est recouverte de dessins excessivement délicats en creux ou en relief; une *feuille* de fonte, toujours de première fusion, qu'on prendrait pour de la tôle de 2 millimètres; des bandelettes de même origine, qu'on enroule plusieurs fois sur elle-même. Rien n'est plus remarquable que les deux Christs, parfaitement venus de première fusion, qui font partie de la même exposition; l'un a 60 centimètres de hauteur, l'autre, le double; ils sont cotés respectivement 40 et 110 francs.

Les fontes moulées de *Ducel*, de *Val d'Osne*, de *Muel-Wahl*, de *Durenne*, de *Colas frères* et de tant d'autres, valent certains bronzes; les prix qui sont encore assez élevés, tendent chaque jour à s'abaisser et contribuent à en étendre les applications. La beauté des formes est tellement remarquable jusque dans les moindres objets, que les fonderies françaises travaillent pour l'exportation malgré leurs hauts prix. Nous avons vu partir des magasins de Ducel, des grilles de balcon qui allaient orner des habitations brésiliennes.

ZINC.

Après le fer, le zinc est de tous les métaux celui qui tient la plus belle place à l'exposition ; il serait trop long de rappeler toutes les formes sous lesquelles il se présente. La société de la *Vieille-Montagne*, qui fait tous les frais de cette exposition, s'est ingéniée à l'appliquer à une foule d'usages.

Le plus grand emploi du zinc laminé se trouve dans la couverture des bâtiments ; les préventions qui existaient contre les toitures en zinc commencent à disparaître ; on comprend généralement l'avantage qu'offre une couverture qui ne pèse que 7 à 8 kil., au mètre carré, au lieu de 15 à 20 kil. que pèsent les ardoises, ou de 70 à 80 kil., comme une toiture en tuiles. Les toits couverts en zinc ne présentent pas une pente aussi forte ; ils n'exigent pas des pièces de charpente aussi nombreuses, ni d'un aussi fort équarissage. Il n'est plus nécessaire de plaider aujourd'hui pour les couvertures en zinc ; nous recommandons seulement à ceux qui en établissent de faire choix d'ouvriers capables et surtout de ne pas trop chercher l'économie en employant des numéros trop faibles ; le n° 14 est un minimum.

Les numéros plus forts s'emploient au doublage des navires, à la fabrication des baignoires, des formes à sucre, des caisses-à-eau pour la marine, de réservoirs, de cristallisoirs, etc.

Les feuilles de moindre épaisseur entrent dans la confection des gouttières, des tuyaux, des objets de ménage, pour remplacer la ferblanterie en général. Certaines dimensions sont destinées au satinage du papier.

Le zinc promet de remplacer le laiton dans l'ornementation estampée ; des palmettes, des embrasses, des plaques de shakos, des jugulaires, etc., ont prouvé à tous les visiteurs

de l'exposition que le zinc de bonne qualité se prête parfaitement à cette fabrication dont le bronzage par l'électricité est
le complément.

Les feuilles de zinc perforées qui sont d'un usage si répandu
en Angleterre, se montrent sous un aspect très favorable à
l'exposition actuelle. *M. Calard* s'est fait une spécialité du
perforage des feuilles métalliques pour cribles, pour tarares,
pour jalousies et persiennes, pour garde-manger, etc. En
Angleterre, le perforeur ne reçoit pas de salaire, il est payé
par les déchets ; à Paris, le prix varie suivant le dessin et les
dimensions des feuilles ; en moyenne, le perforage double la
valeur du zinc (au poids).

Le zinc se présente encore étiré en tubes et en moulures
sur bois ou en métal plein. Les fils de zinc sont, dans tous les
cas, préférables aux fils de fer galvanisé, qui sont toujours
cassants à raison de leur faible épaisseur et de l'alliage de
fer et de zinc qui se forme. Avec le fil de zinc, on fabrique
des toiles métalliques, des cribles, des grillages et même des
cordes qui ont sur celles en fil de fer, les avantages d'un
poids moindre, de l'inaltérabilité relative et surtout d'une
grande flexibilité. C'est là une toute nouvelle application du
zinc qui aura probablement du succès.

L'exposition de la Vieille-Montagne renfermait aussi une
belle collection de clous de zinc depuis les semences pour ta-
pissiers de près de 9,000 au kil., jusqu'aux clous de bordage
de 14 au kil., depuis le prix de 200 francs jusqu'à celui de
75 francs les 100 kilos.

Tous ces objets semblent des bagatelles, on ne s'imagine
pas combien il entre de zinc dans la consommation sous des
milliers de forme ; on en aura une idée quand on saura que
Paris consomme annuellement 80,000 kil., de zinc pour la
fabrication de miroirs à barbe que l'on vend de 11 à 35 fr.
la grosse de douze douzaines.

Quant aux objets d'art et d'ameublement en fonte de zinc,
on n'est pas encore parvenu à leur donner, en France, cette

pureté de forme qui peut se passer du burin réparateur. Le
zinc se prête peu à la fonte ; les quelques pièces que nous
offre l'exposition ont tout leur mérite dans la retouche.

Le zinc trouve encore un débouché dans la fabrication de
Thierceville où *M. d'Arlincourt* CUIVRE en rouge, en demi-
rouge et en jaune, étame ou plombe des planches de fer et
de zinc, à raison de 30 à 35 francs les 100 kil., en sus du prix
du zinc ou de la tôle. Les produits de cette usine sont fort
beaux ; c'est par l'électricité que ces résultats sont obtenus.
Quelles sont les dissolutions employées ? c'est là le secret de
M. d'Arlincourt. M. Sorel, d'une part, et *M. Ruolz*, de l'autre,
ont été brevetés pour des dissolutions propres au cuivrage,
au zingage, à l'étamage, au plombage, etc. du fer, du bronze
ou du zinc. *MM. Bisson et Gaugain*, exposants, obtiennent
un dépôt de laiton en substituant aux cyanures, une dissolution dans l'eau de carbonate de potasse, de nitrate d'ammo-
niaque, de chlorure de cuivre et de sulfate de zinc. La pièce
à recouvrir est mise en contact avec le pôle négatif d'une pile
Bunsen ; la lame positive décomposante est évidemment une
plaque de laiton. Pour le bronzage, on remplace cette dernière par une plaque de bronze et le sel de zinc dans la dissolution, par un sel soluble d'étain.

Un autre exposant, *M. Gosselin*, est arrivé par hasard à obtenir sur du zinc une véritable couleur d'or, dans une *liqueur
de laiton*, donnant ordinairement une teinte jaune pâle. Ce
fait s'est reproduit plusieurs fois, mais sans le concours de
la volonté de l'opérateur qui n'a pu encore saisir les conditions
de cette modification.

PLOMB.

Tous les tuyaux de plomb se font aujourd'hui sans soudure, à
l'instar du macaroni ; dès lors, rien n'est plus simple que de leur
donner une longueur indéfinie. Outre un semblable tuyau de
1,000 mètres de longueur, M. *David* a exposé un tuyau de

plomb étamé à l'intérieur et à l'extérieur par la même opération qui a formé le tuyau. Voici en peu de mots en quoi
consiste cette fabrication : on sait que pour faire les tuyaux
ordinaires continus, du plomb fondu est placé dans un cylindre en fonte ; un piston mû par une presse hydraulique, ou
même par un manége, fait sortir ce plomb par une filière
pratiquée dans le fond du cylindre et qui donne la forme extérieure au tuyau ; la forme intérieure lui est donnée par un
mandrin maintenu par des brides à l'intérieur du cylindre ou
quelquefois fixé au piston lui-même. Le cylindre est entouré
de charbons allumés pour maintenir le plomb à une température telle qu'il ne se fige qu'à la sortie ; le tuyau ainsi formé
est enroulé au fur et à mesure de sa production. Certains fabricants veulent que le cylindre soit horizontal, d'autres le
préfèrent vertical et placent la filière soit au haut, soit au
bas du cylindre. Comme il est presque toujours inutile d'obtenir des tuyaux d'une très grande longueur, que leur poids
rend alors peu maniables, la plupart des fabricants ne font
que des tuyaux d'une seule cylindrée, qui est ordinairement
de 100 kil.

L'étamage s'obtient en faisant arriver de l'étain fondu à la
surface du tuyau au moment de sa formation ; l'étirage achève
l'opération. Pour l'étamage extérieur, une petite gorge est
creusée dans la filière, l'étain y arrive en quantité suffisante
et à la température convenable, par plusieurs petits canaux;
pour l'étamage intérieur, l'étain fondu arrive de même par
l'intérieur du mandrin qui, dans ce cas, doit toujours être
fixé au cylindre et non au piston.

La grande difficulté de cette fabrication, c'est de maintenir les différentes parties de la machine à la température
convenable.

MOTEURS.

Moulin à vent. — *M. Berton* a imaginé de remplacer les toiles
des moulins à vent par une combinaison de planchettes mobiles dont on peut varier facilement la surface en tournant

une manivelle. Les rayons des volées portent des traverses
mobiles autour des boulons qui les fixent aux rayons ; les
planchettes superposées les unes aux autres sont adaptées aux
traverses de la même façon. De sorte que l'ensemble forme
un grand parallélogramme dont les angles sont variables
et dont la surface est d'autant plus grande qu'il se rapproche
davantage du rectangle. Chacune des ailes ainsi construite
est articulée au centre du moulin avec une crémaillère qui
engrène avec une roue centrale ; celle-ci est mise en mouvement par un pignon muni d'une manivelle. La manœuvre est
donc très simple, puisqu'il suffit de tourner cette dernière,
pour diminuer ou augmenter presqu'instantanément la surface de toutes les ailes à la fois.

Moteurs hydrauliques.—Cette partie de l'exposition n'est pas
bien riche. Nous passerons sous silence une belle *turbine-fon-
taine* qui ne présente aucune disposition nouvelle et nous dirons seulement quelques mots de la roue à aubes emboîtée
dans un coursier annulaire dont un modèle en petit orne
l'exposition de *M. Calla*. La roue est verticale, elle forme un
cylindre de faible hauteur dont les bases sont pleines et bien
dressées ; les palettes elliptiques sont adaptées en dehors de
la circonférence et se meuvent dans un coursier annulaire en
ciment romain dont la partie supérieure est évasée pour faciliter l'entrée de l'eau qui la recouvre toujours. Le corps de
la roue passe entre deux plaques de fonte qui forment un
appendice au coursier. L'eau n'agit donc, dans une telle roue,
que par son poids ; pour diminuer la résistance, les palettes
sont taillées *en proue* par dessous. Plusieurs roues semblables sont établies et fonctionnent ; on annonce qu'elles donnent un effet utile de 80 p. c. Je n'ai trouvé nulle part de traces
d'essais faits sur ce système, mais il me paraît qu'un semblable
résultat ne peut être obtenu qu'avec une construction si soi-
gnée que les difficultés d'établissement ne permettront guère
l'emploi d'une roue de ce genre.

M. Girard a inventé une machine à colonne d'eau, dont il

attend plus de 94 p. c. d'effet utile. Son *moteur-pompe*, comme il l'appelle, consiste en un cylindre vertical mis en communication par le haut avec la retenue d'un cours d'eau, par le bas avec un canal de fuite. Un piston, muni d'une soupape annulaire s'ouvrant de bas en haut, se meut dans ce cylindre, au bas duquel est placée une soupape semblable. Ces deux soupapes sont maintenues ouvertes par des ressorts à boudins, quand une pression supérieure n'agit pas sur elles. Pour comprendre le jeu de l'appareil, supposons le piston près d'arriver au haut de sa course ; sa soupape vient buter contre un arrêt porté par une tige creuse qui enveloppe celle du piston ; elle se ferme. La course se termine par l'effet d'un volant à contrepoids et détermine, dans le cylindre, une aspiration qui suffit pour ouvrir la soupape inférieure. Le piston redescend avec la charge d'eau de la chute jusqu'à ce qu'il vienne fermer, par un butoir, la soupape inférieure, un peu avant la fin de la course descendante. Pendant que celle-ci s'achève, la soupape du piston s'ouvre par l'effet de la compression de l'eau, et est maintenu en cet état par le ressort à boudins, pendant que la quantité de mouvement emmagasinée par le volant fait remonter le piston pour recommencer le même jeu. Tout l'artifice consiste, comme on le voit, à fermer à contre-temps les deux soupapes et à les maintenir ouvertes par des ressorts. A la complication de cette machine, on juge de la difficulté et du coût de son entretien, ainsi que des causes nombreuses de dérangement qui la feraient probablement proscrire, quand même l'action utile de la chute y serait aussi grande que l'annonce l'inventeur. —

Machines à vapeur. — Le nombre des moteurs à vapeur qui encombrent les galeries de l'exposition, est grand ; mais à quelques exceptions près, ils n'offrent rien de neuf; beaucoup de ces machines présentent même des dispositions assez malheureuses. Cela n'est pas étonnant, car, en France comme en Belgique, il n'est pas de si mince mécanicien qui ne construise des machines à vapeur et qui ne trouve des chalands alléchés par un prétendu bon marché qu'ils ne tardent pas à trouver beaucoup trop cher.

En première ligne figurent les deux machines à vapeur qui se sont partagé le prix de 10,000 fr. proposé par la société d'encouragement pour une machine ne consommant que 1 kil. 50 de houille à l'heure et produisant sur l'arbre moteur un effet utile de 30,000 kilomètres par kilogramme de vapeur dépensée. L'une de ces machines est due à *M. Farcot*, de Paris, l'autre, à *MM. Legavrian, et Farinaux*, de Lille. Voici les principaux résultats des essais auxquels s'est livré sur ces deux machines, le comité des arts mécaniques de la société d'encouragement :

	Farcot.	Legavrian et Farinaux.
	kil.	kil.
Houille consommée par cheval et par heure	1,320	1,261
Eau consommée par kilog. de houille	7,425	6,324
Travail disponible sur l'arbre par kilog d'eau	27,370	33,851

Constatons cependant que le mérite de ces résultats revient autant aux dispositions des générateurs de vapeur qu'au perfectionnement des machines elles-mêmes. La chaudière de MM. Legavrian et Farinaux, munie de *huit* bouilleurs latéraux, était en outre placée dans un local fermé dont la température restait assez élevée. Dans la chaudière de M. Farcot, l'eau d'alimentation n'arrive à la chaudière elle-même qu'après avoir parcouru *quatre* bouilleurs latéraux, placés dans autant de carnaux que la flamme et la fumée parcourent en sens inverse du mouvement de l'eau.

La machine Farcot a été établie pour mouvoir les pompes du dépotoir de la Villette qui doivent refouler jusqu'à Bondy les eaux-vannes des vidanges de Paris ; un dessin seul la représentait à l'exposition. En deux mots, c'est une machine du système de Woolf, à deux cylindres isolés, agissant vers la

3

même extrémité d'un balancier. Chaque cylindre est entouré d'une enveloppe dans laquelle circule la vapeur arrivant directement de la chaudière. Ces enveloppes elles-mêmes sont revêtues d'une chemise en tôle qui maintient une couche épaisse de fraisil de charbon de bois. Les couvercles sont doubles et sont baignés par de la vapeur à la température de la chaudière ; il en est de même des fonds des cylindres.

Jusque dans ces derniers temps, lorsqu'on adoptait les cylindres à double enveloppe, c'était presque toujours pour y faire arriver la décharge ; c'était une grave erreur à laquelle il faut attribuer en grande partie le peu de succès de cette disposition. Il est évident que la vapeur qui a produit son effet dans le cylindre se trouve à une température moins élevée que la vapeur qui arrive directement de la chaudière et qu'elle contribue à refroidir cette dernière. Toutes les machines que nous avons vues, construites ou en construction chez M. Farcot, sont munies d'un cylindre à double enveloppe, dans laquelle il fait circuler la vapeur avant de l'admettre sous le piston.

Dans la machine du dépotoir, la décharge sous chacune des faces du piston, s'effectue par des tuyaux séparés. La vapeur, dans son trajet d'un cylindre à l'autre, traverse l'appareil de M. Combes, pour intercepter l'échappement avant la fin de la course.

La machine de MM. Legavrian et Farinaux est remarquable à plus d'un titre ; le but de ces constructeurs était de simplifier la machine de Woolf, d'en diminuer le poids et, par conséquent, le prix, tout en conservant la solidité, la régularité de mouvement et l'économie de combustible qui caractérisent ce système. Voici de quelle manière ils y sont parvenus :

Les deux cylindres sont complétement séparés ; ils sont placés de côté et d'autre de la roue d'engrenage qui remplace le volant ; la machine n'a pas de balancier ; les tiges des pistons agissent directement sur l'arbre moteur. Une première détente de la vapeur a lieu dans le petit cylindre, où la vapeur n'est admise que pendant les 4/10 de la course ; la seconde détente s'effectue dans un cylindre dont la section est quatre fois plus grande que celle du premier. Dans la machine ordinaire de Woolf, les deux pistons et les tiroirs ont une marche simultanée ; il en résulte une réaction de la vapeur sur le premier piston. Dans la machine Legavrian, la manivelle du grand cylindre a une avance de $22°\,{}^1/_2$ sur celle du petit ; il en est de même du tiroir, de sorte que, quand la vapeur sort du petit cylindre, avec une avance à l'échappement, elle trouve complétement ouvert le tiroir d'admission du grand cylindre. Cette avance d'une manivelle sur l'autre présente encore l'avantage de compenser leurs points morts ; c'est ce qui a permis de supprimer le volant et de le remplacer par la roue dentée de moyenne grandeur qui transmet, à la hauteur convenable, la force motrice aux arbres de communication de mouvement.

La machine Legavrian est disposée de façon qu'on peut ne faire fonctionner qu'un seul cylindre, le petit ou le grand, à volonté ; on comprend aussi qu'il n'y a pas d'obstacle à ce qu'on la dispose horizontalement.

La distribution y est réglée par une tige formée de deux parties filetées en sens inverses ; on écarte ou on rapproche les éléments du tiroir de détente en tournant l'écrou qui réunit les deux parties de la tige.

Le prix de cette machine ne dépasse pas 850 fr. par cheval nominal.

MM. Varral, Middleton et Elwell ont exposé une petite machine à vapeur parfaitement combinée ; elle est destinée à élever les eaux d'alimentation dans les stations des chemins de fer. La machine est à simple effet ; le cylindre vertical est placé sur une plate-forme qui recouvre les pompes. Le couvercle supérieur est une espèce de cloche en fonte très élevée au dessus du cylindre ; la boîte-à-étoupes renferme une longue douille en bronze pour maintenir la verticalité de la tige du piston, disposition rendue nécessaire par l'absence d'autres guides. La tige du piston porte une crosse aux extrémités de laquelle sont attachées les tiges des pompes. Une cataracte règle le nombre de coups. La descente du piston est réglée par un contre-poids dont on fait varier la position sur le bras d'un levier, suivant les variations de la résistance.

M. *Farcot* a aussi exposé la *machine à colonne*, d'origine anglaise, dont il partage la spécialité avec M. *Alexander*. Cette machine est à moyenne pression, à condensation et à détente variable par le modérateur à boules ; une enveloppe entoure le cylindre venu avec elle ; le cylindre est enterré et surmonté d'une colonne creuse qui enveloppe en grande partie le système de parallélogrammes combiné, soit pour conduire la tige du piston, soit pour faire marcher la pompe à air et la pompe d'alimentation ; les points d'appui sont tous pris sur la colonne ; la corniche de celle-ci supporte le tourillon de l'arbre moteur près de la manivelle. Cette disposition très élégante, offre de la solidité et occupe peu de place ; mais, outre le grand poids de la machine, elle présente l'inconvénient d'une distribution presqu'inaccessible.

Une jolie machine *locomobile* de M. *Rouffet* attirait aussi les regards. Sa force est de deux chevaux, elle pèse 500 kil., sans l'eau, 680 kil., avec l'eau dans la chaudière. Sa longueur totale est de 2m20; la chaudière renferme trois tubes en cuivre de 10 centimètres de diamètre repliés trois fois dans le sens vertical et sur toute la longueur de la chaudière. La grille est à charnière ; le foyer est disposé pour brûler du coak. Le cylindre est placé dans la boîte-à-fumée.

C'est ici le lieu de parler de l'invention de M. *Du Trembley* qui consiste à utiliser la condensation de la vapeur d'eau pour vaporiser un autre liquide qui doit remplir les conditions suivantes : bouillir à une température qui ne doit pas dépasser 72° C, ne pas se décomposer au dessous de 120°, ne pas attaquer les métaux qui composent la machine et enfin, autant que possible, ne pas donner lieu à des mélanges explosibles ou inflammables. Les liquides, industriellement applicables, qui remplissent ces conditions ne sont jusqu'aujourd'hui qu'au

nombre de deux : le *chloroforme* et le *chlorure de carbone*.
L'éther sulfurique serait bien préférable, n'était son inflamma-
bilité ; aussi a-t-il servi aux premiers essais des machines de
M. Du Trembley et leur a-t-il valu le nom de *machines-à-
éther*.

Cette machine marche donc *à vapeurs combinées*, c'est-à-
dire que la vapeur d'eau agit dans un cylindre, la vapeur
auxiliaire, dans l'autre. Ces deux cylindres peuvent être
accolés, comme dans la machine de Woolf ; isolés et sur le
même axe, comme dans la machine horizontale qui figure à
l'exposition, où conjugués sous un certain angle, comme
dans les machines construites pour la navigation.

La vapeur d'eau est produite et employée comme dans les
machines ordinaires à condensation ; elle est condensée dans
le *vaporisateur*, boîte en tôle renfermant un certain nombre
de petits tubes métalliques qui contiennent le liquide à vaporiser, éther, chloroforme ou chlorure de carbone. Cette
vapeur auxiliaire est amenée sous le piston du deuxième cylindre ; après son action, elle se rend dans un *condenseur*,
disposé comme le *vaporisateur*, dans lequel le liquide con-
densé est renvoyé par une pompe.

Les adversaires de ce système demandent quel avantage il
peut y avoir à employer la vapeur détendue à chauffer de l'é-
ther ou tout autre liquide, au lieu de l'appliquer directement
sur de grandes surfaces de piston et de la condenser ensuite ;
leur principale objection consiste dans la perte inévitable
d'une substance volatile, coûteuse et d'un emploi quelquefois
dangereux. A cela, l'inventeur répond qu'il obtient de la sorte
des vapeurs qui ont, à la même température, une force élastique plus grande ; quant à la perte, elle a été justifiée, pendant 18 mois de marche, avoir été de trois quarts de litre
par jour, soit pour 1 fr. 90 centimes de chlorure de carbone,
pour une machine de 25 chevaux, travaillant douze heures
par jour.

Trois machines à vapeur combinées existent et fonctionnent

depuis 6 à 18 mois ; mais l'une étant à Lyon, une seconde à
Lorient et la troisième à Londres, nous n'avons pu nous procurer de renseignements authentiques sur leur marche. Il
en existe bien une à Paris chez M. Philippe, mécanicien,
mais elle n'a servi qu'à quelques essais peu heureux et elle
est reléguée depuis lors dans un coin des ateliers. Si l'expérience se prononce en faveur de la possibilité d'application du
système des *vapeurs combinées*, il présentera une réduction
de près de moitié dans la consommation du combustible et la
suppression de la moitié des chaudières, remplacées, il est
vrai, par les appareils de vaporisation et de condensation du
liquide auxiliaire.

Les boîtes-à-étoupes sont remplacées dans les cylindres et
les pompes de cette machine par une disposition ingénieuse ;
elle consiste en un cuir ou en une feuille de métal très mince,
ficelée autour de la tige du piston ; l'espace compris derrière
cette feuille est rempli d'eau ou d'huile que l'on maintient à
une pression supérieure de $1/_2$ atmosphère à celle de la vapeur
dans le cylindre, au moyen d'une pompe spéciale.

L'exposition présente deux belles *locomotives:* l'une, du
système *Crampton*, sort des ateliers de *MM. Derosne et Cail;*
l'autre destinée aux trains de marchandises, est due à *MM.
Gouin et Cie*.

On sait ce qui distingue la locomotive-Crampton ; c'est la
position des roues motrices derrière la boîte-à-feu, combinée
avec l'emploi de cylindres extérieurs, ce qui permet d'abaisser
la chaudière et, par conséquent, le centre de gravité de la locomotive, en conservant aux roues motrices, un grand diamètre. Une pareille disposition permet donc d'augmenter la
vitesse, sans diminuer la stabilité et en rendant moins sensibles les mouvements oscillatoires et de lacet. L'abaissement
de la chaudière permet encore de lui donner une plus grande
surface de chauffe, sans affecter davantage le centre de gravité. Ainsi, d'une part, plus de stabilité et un entretien plus
facile, d'autre part, une puissance plus considérable, tels

étaient les avantages qu'on attendait de ce système. On reproche, d'un autre côté, à la locomotive-Crampton, d'être trop pesante, de déterminer la prompte usure de la voie et des bandages des roues, à cause du grand éloignement des essieux qui occasionnent des frottements plus durs dans les courbes. Quoiqu'il en soit, si les administrations de plusieurs chemins de fer ne veulent pas employer ce système, le chemin de fer du Nord, qui en a fait l'expérience depuis plusieurs mois pour ses convois à grande vitesse, vient encore de commander plusieurs locomotives-Crampton à MM. Derosne et Cail. Il paraît que le chemin de fer de Strasbourg vient aussi de se décider en faveur de ce système.

La locomotive de *MM. Gouin et Cie* est du système Stéphenson, à roues couplées à l'avant et à détente variable ; les cylindres sont renfermés dans la boîte-à-fumée. Le diamètre des roues est de 1^{m}60 ; l'écartement des essieux extrêmes n'est que de 4^{m}23 ; un ressort transversal unique à l'arrière permet de donner plus de largeur à la boîte-à-feu, ce qui porte à plus de 8 mètres carrés la surface de chauffe directe. Cette machine est bien proportionnée et ses formes sont des plus élégantes, bien différente en cela de la locomotive-Crampton. Les longerons sont en fer et forgés d'une seule pièce avec les plaques de garde.

Nous croyons avoir terminé la revue des machines à vapeur complètes ; il nous reste à examiner quelques organes ; nous commencerons par les systèmes de *détente. M. Trésel* a perfectionné celui qu'il avait déjà exposé en 1844. Le mécanisme en est très simple ; il consiste en deux tiroirs juxtaposés sans ressort, ni touche d'arrêt ; ils sont maintenus par la pression de la vapeur. L'un sert à la distribution tant en dessus qu'en dessous du piston ; l'autre est le tiroir d'arrêt qui ferme le passage au moment fixé. Ils sont mis en mouvement par deux excentriques à trois angles arrondis, indépendants l'un de l'autre. L'excentrique de distribution se meut dans un cadre rectangulaire ; le second, dans un cadre formé de quatre courbes qui varient et se calculent d'après la longueur de la bielle, le rayon de la manivelle et l'épaisseur du piston. Ces courbes sont, en outre, destinées à racheter une différence de position du piston par rapport à sa course dans la marche ascendante et dans la marche descendante, lorsqu'on fait faire une révolution à la manivelle. Cette différence, due à l'obliquité de la bielle, est très considérable, comme on peut s'en assurer par une simple épure. La combinaison des courbes de l'excentrique de M. Trésel permet donc l'admission d'une quantité égale de vapeur des deux côtés du piston ; les mêmes courbes ont encore pour but de remédier à la différence des surface de l'un et de l'autre côté du piston, résultant de l'emplacement de la tige.

Pour que la détente soit variable pendant la marche de la machine, M. Trésel a rendu l'excentrique du tiroir de détente fou sur l'arbre, avec lequel il est relié par une courbe dont une des extrémités est fixée à l'excentrique et dont l'autre se meut dans une glissière graduée que porte l'arbre. Pour faire varier l'expansion, il suffit de tourner une petite manivelle qui commande une vis passant par la seconde extrémité de la courbe en question ; on change ainsi la position relative de l'excentrique et du cadre auquel est fixée la tringle du tiroir, par rapport à la position du piston.

Résumons avec M. Trésel, les avantages que présente son système de détente :

1° Obtenir une détente rationnelle, en introduisant le même volume de vapeur des deux côtés du piston.

2° Faire arriver la vapeur dans le cylindre par le plus court chemin, sans avance au tiroir, ni déviation, ni division, comme sans rétrécissement des ouvertures et, par conséquent, sans détente préalable à son effet utile.

3° Admettre la vapeur sur le piston par les ouvertures d'entrée complétement ouvertes au dixième de la course, quelle que soit la détente.

4° Laisser l'orifice de sortie toujours en communication

avec l'une ou l'autre entrée, de sorte qu'il y ait avance à l'échappement.

5° Admettre la vapeur à volonté pendant toute la course, et permettre de faire varier la détente pendant celle-ci.

Nous ne ferons que citer le distributeur à détente variable de M. *Farcot*, ce constructeur ayant lui-même donné la description de son système dans les Annales des mines (4° série, T. 7). Les arrêts de la glissière de détente sont réglés par une touche portant une double came en développante, de la position de laquelle dépend la durée de la détente. On y donne une courbure différente aux deux côtés de la double came pour que les mêmes quantités de vapeur soient admises en dessus et en dessous du piston, indépendamment de l'obliquité de la bielle. Habituellement, M. Farcot fait varier la détente par le modérateur à boules ; cette disposition est généralement goûtée.

Plusieurs systèmes de *régulateurs* étaient réunis dans les salles de l'exposition.

Le *régulateur-Molinié* est le plus ancien ; tout le monde sait qu'il consiste en un réservoir en cuir, dans lequel deux soufflets, mus par le moteur à régler, injectent de l'air en quantité correspondante à la vitesse du moteur ; un ou plusieurs orifices règlent avec beaucoup de sensibilité l'écoulement de cet air. Dès que la vitesse du moteur augmente, l'air s'emmagasine dans le récipient et en soulève le fond qui agit, par une communication de mouvement, sur la valve d'admission de la vapeur ou sur la vanne d'admission de l'eau, si le moteur est hydraulique. Des expériences de M. Combes et de M. Saulnier ont reconnu à cet appareil une grande puissance de règlement ; il peut ramener à sa vitesse constante, à 1/20 près et en quelques secondes, un moteur auquel on enlève tout-à-coup sa charge entière.

MM. Legavrian et Farinaux ont modifié ce régulateur en ce sens qu'ils ont remplacé les soufflets par des pistons métalliques.

Le régulateur de *M. Larivière* est aussi basé sur le même principe ; l'air est injecté par une pompe à double effet, sous le piston d'un autre cylindre plus petit, percé de plusieurs ouvertures qu'on ferme plus ou moins ; c'est ce petit piston qui sert à régler l'admission de la vapeur.

M. Pecqueur a exposé un régulateur à mouvement différentiel qui exige l'emploi d'un pendule conique. Il est impossible, sans l'aide du dessin, de décrire les dispositions de ce mouvement différentiel assez compliqué ; tout ce qu'on peut en dire, c'est que le pendule est monté à frottement doux sur un arbre commandé par le moteur ; ce pendule, en s'ouvrant par suite d'une accélération de vitesse, force à s'enfoncer plus ou moins dans un bain de sable, les dents de deux râteaux qui servent de frein ; aussitôt que cette résistance se fait sentir au pendule, le mouvement différentiel commence à agir sur la valve ou le registre d'admission de la vapeur.

M. Langlois a appliqué un mouvement différentiel analogue à un *régulateur à ailettes.*

Tous ces régulateurs ne remplissent pas parfaitement les conditions qu'on est en droit d'en attendre ; il faut un certain temps pour que ces appareils apportent remède à un état de chose qu'ils devraient pouvoir empêcher ; ils ne peuvent que limiter dans une certaine mesure les oscillations autour du point où l'on veut maintenir la vitesse du moteur. C'est surtout dans les filatures et principalement dans les filatures de numéros élevés que la régularité de la vitesse du moteur est essentielle à obtenir, quelles que soient les variations de sa charge. Aussi, le *régulateur à pendule* de *MM. Gast et Spetz*, a-t-il été très goûté dans ces établissements, à en juger par les nombreux certificats que lui ont accordés les maisons les plus honorables, bien que cet appareil présente encore, mais à un degré beaucoup moindre, l'inconvénient signalé de ne remédier au mal que quand il est produit et de ne pas savoir l'éviter. Nous ferons tous nos efforts pour donner une description claire de ce régulateur qui est peu connu, quoique

MM. Gast et Spetz en aient établi depuis plusieurs années.
La partie efficiente de l'appareil est un pendule dont on
règle la longueur suivant le nombre d'oscillations qu'on veut
lui faire faire et qui doit être le même que le nombre de tours
qu'on veut permettre à un arbre qui reçoit son mouvement
du moteur. Le pendule est suspendu par le centre d'un disque vertical portant par derrière un rebord saillant de 1 à
2 centimètres. Ce rebord est interrompu à la partie supérieure
du disque, sur une longueur de 3 centimètres environ.
L'arbre du moteur commande par un simple engrenage une
roue dentée portée sur un arbre placé au dessus du pendule,
parallèlement à son plan d'oscillation. Cette roue dentée commande à frottement un engrenage d'angle placé sur un arbre
concentrique au premier ; au dos de cette roue d'angle est
fixé un doigt qui ne lui permet d'achever sa révolution que
lorsque le pendule est vertical, parce que, dans toutes les autres positions du pendule, le doigt est arrêté par le rebord
du disque dont nous avons parlé. On comprend donc que le
nombre de révolutions de notre première roue d'angle est
réglé par les oscillations du pendule. Vis-à-vis de la roue au
doigt, s'en trouve une autre, de mêmes dimensions, tournant en sens inverse ; elle est montée sur un troisième arbre
concentrique aux deux premiers, qui reçoit aussi son mouvement du moteur par deux roues et un pignon. Tant que le
nombre de tours du moteur est égal aux pulsations du pendule, les deux roues d'angle auront la même vitesse en sens
inverse, et un pignon, avec lequel elles engrènent toutes les
deux, tournera sur son axe ; mais cet axe, qui peut se mouvoir dans un plan vertical autour d'un arbre horizontal concentrique aux trois autres, ne changera de position que
quand les vitesses des deux roues d'angle ne seront plus les
mêmes. Ce dernier arbre est monté à frottement doux dans
le troisième dont nous avons parlé ; il commande la valve
d'admission. Répétons que le mouvement différentiel est ici
composé de deux roues d'angles parallèles qui peuvent être

douées de vitesses différentes ; elles sont réunies par un pignon qui parcourt une partie de la circonférence des roues en entraînant son axe dans son mouvement de rotation, lorsque la vitesse de l'une des roues d'angle l'emporte sur celle de l'autre. Le plateau de friction est serré contre la roue qui le commande par une espèce de frein à contre-poids.

Le grand inconvénient du régulateur à pendule consiste dans son prix élevé qui n'a permis, jusqu'à présent, de l'appliquer qu'aux moteurs pour lesquels la régularité de la vitesse est une des premières conditions à remplir.

Passant des machines à vapeur à leurs foyers, nous n'aurons à signaler dans cette partie que la *grille fumivore* de *M. Juckes*. Cette invention, d'origine anglaise, est exploitée en France par *MM. Tailfer et Cⁱᵉ*. Dans cette grille, les barres du foyer forment une chaîne sans fin, articulée et portée sur deux tambours polygonaux ; le tambour antérieur reçoit, par une courroie, son mouvement d'un moteur quelconque, ordinairement de la machine que dessert le foyer. La vitesse du mouvement de translation est rendue variable par un cône de poulies ; elle doit varier de 1^m20 à 2 mètres par heure, selon la qualité du charbon et les autres conditions du foyer. On verse le charbon dans une trémie à l'avant du fourneau ; son épaisseur sur la grille est réglée à l'entrée par la porte qui se soulève au lieu de s'ouvrir de côté. Le mâchefer produit est entraîné par la grille et tombe dans un petit chariot en tôle, en passant entre la grille et une saillie de la sole formée par un tube de fonte à circulation d'eau. Une griffe d'embrayage permet au chauffeur de modérer ou d'arrêter tout-à-fait le mouvement de la grille ; une manivelle lui sert à la mouvoir à la main en arrière comme en avant. Tout l'appareil est porté sur quatre roues, roulant sur deux rails, de sorte qu'on peut le retirer de dessous la chaudière en cas de besoin.

Les avis sont partagés sur les avantages et les inconvénients de la *grille-Juckes*, les uns trouvent de l'économie dans son emploi, les autres n'en admettent pas ; les uns lui reprochent d'exiger une trop grande surveillance, d'autres lui reconnaissent l'avantage de ne pas en demander.

Un rapport administratif sur des expériences faites à Cherbourg constate une *économie de combustible* de 18 p. c., obtenue par l'emploi de la grille-mobile-fumivore.

Le comité des arts mécaniques de la société d'encouragement lui reconnaît les avantages suivants : son emploi permet d'obtenir une production de vapeur très régulière ; il est favorable à la conservation des chaudières et des fourneaux ; *il simplifie le travail du chauffeur et le rend moins pénible.*

D'un autre côté, il résulte des essais faits à la manufacture des tabacs par M. Combes que l'appareil de Juckes est complétement fumivore ; que de tous les appareils de ce genre, grilles mobiles ou distributeurs mécaniques, la grille de Juckes donne les meilleurs résultats ; que non seulement, on peut y brûler du charbon menu (de moindre valeur), mais que c'est même une nécessité de supprimer les gros morceaux qui n'auraient pas le temps de brûler dans le trajet de la grille ; *qu'il n'y a pas d'économie de combustible ; que la surveillance de la part du chauffeur doit être continuelle et que le décrassage est plus pénible que dans les grilles fixes ;* enfin que le prix élevé de cet appareil est un obstacle à ce que son usage se répande.

Tout le monde sera de ce dernier avis, quand on saura que l'établissement d'une grille-mobile-fumivore coûte de 1,700 à 2,500 francs.

APPAREILS DE SÛRETÉ.

La France n'a rien à envier à la Belgique, sous le rapport du nombre des inventions destinées à prévenir les explosions des chaudières à vapeur ; malheureusement, là comme chez nous, il en est peu d'efficaces. C'est surtout sur les flotteurs d'alarme que les inventeurs se sont rués, au point que le même système a souvent trois ou quatre auteurs. Aucun de ces appareils ne m'a paru présenter les garanties et la simplicité du *flotteur à marmite* que M. *Fromont* emploie avec succès aux usines de Châtelineaux.

Une marmite en fonte est placée sur la chaudière avec laquelle elle communique par un tuyau dont l'extrémité inférieure s'arrête au niveau le plus bas de l'eau. L'intérieur de la marmite est occupé par un flotteur métallique qui ferme de bas en haut une petite soupape à sifflet portée par le couvercle de la marmite. Quand le niveau de l'eau dans la chaudière est supérieur à l'embouchure du tuyau, la marmite est pleine d'eau, le flotteur est soulevé et la soupape fermée ; si le niveau descend plus bas que l'extrémité du tuyau, la marmite s'emplit de vapeur, le flotteur retombe, la soupape s'ouvre et la vapeur sort en sifflant. Pour diminuer le volume du flotteur, il est équilibré à l'extérieur par un petit poids à l'aide d'un levier. La tige qui, passant à travers le sifflet, réunit ce petit levier à la soupape et au flotteur, sert aussi à s'assurer si l'appareil fonctionne, sans qu'on ait besoin de l'ouvrir. Le *flotteur à marmite*, placé en dehors de la chaudière peut être isolé par un simple robinet ; il est accessible pendant la marche même des chaudières et peut être enlevé et réparé, s'il y a lieu, sans mettre celles-ci hors feu. Sa simplicité est telle, d'ailleurs, qu'il présente fort peu de chances de dérangement. Il ne sifflotte pas non plus continuellement, comme cela arrive à beaucoup d'appareils de ce genre.

Tous les flotteurs d'alarme exposés se rapprochent plus ou moins des systèmes-*Godin* ou *Lemielle*, bien connus de tous nos industriels. Les flotteurs de *M. Bourdon* et de *M. Chaussenot* indiquent sur un cadran ou sur une échelle la hauteur du niveau de l'eau dans la chaudière. La grande longueur que M. Chaussenot donne aux axes de rotation de ses leviers est une disposition très recommandable.

Nous recommandons aussi la soupape de sûreté du même inventeur, qui remplit toutes les conditions qu'on peut exiger de cet appareil. C'est une petite cloche dont le bord a une épaisseur de 1 à 2 millimètres ; le siége de la soupape n'a pas une surface plus considérable. La soupape n'est pas guidée intérieurement ; dans sa tête est pratiquée une cavité conique dans laquelle appuie un petit bout de tige vertical fixé au levier. Celui-ci a son point de rotation dans le plan horizontal passant par le siége de la soupape; cette condition oblige la soupape à se soulever parallèlement à elle-même et à retomber toujours exactement sur son siége; l'absence de guide intérieur laisse une entière liberté d'échappement à la vapeur. La cloche ne pouvant se lever d'un côté avant l'autre, fonctionne avec infiniment de précision. L'axe de rotation du levier est aussi d'une certaine longueur; il est terminé par deux couteaux, ou bien il joue sur deux pointes; le levier acquiert ainsi une grande mobilité et ne peut pas se permettre d'autre mouvement que la rotation autour de son axe. Il y a longtemps que l'on doit cette soupape à M. Chaussenot; si elle n'est pas ausssi connue qu'elle le mérite, il faut l'attribuer à ce que son prix est un peu plus élevé que celui des soupapes ordinaires et à ce que les constructeurs de machines, qui fournissent ordinairement tous les appareils de sûreté, ne peuvent pas se faire mieux payer quand ils offrent un système meilleur.

L'*indicateur-carillon* de *M. Lemaitre* est destiné à indiquer à chaque instant comment est réglée l'alimentation de la chaudière et à avertir, par une sonnerie, du moment où l'on atteint le maximum de retard que peut comporter la machine pour laquelle il a été construit. Les indications sont données par une aiguille sur un cadran; quand la pompe alimentaire ne fonctionne pas, cette aiguille avance de gauche à droite sous l'influence d'un levier mis en mouvement par une des pièces mobiles de la machine; quand la pompe fonctionne, ce mouvement est annulé par l'effet d'un autre levier qui reçoit son mouvement d'un clapet placé dans le tuyau qui conduit l'eau de la pompe à la chaudière; ce clapet fait un mouvement à chaque injection. La sonnerie est mise en jeu, quand l'aiguille a fait le tour du cadran. L'instrument se remonte de lui-même et n'a besoin d'aucun soin. On voit que ce petit appareil peut rendre de véritables services.

Dans les *tubes-indicateurs* de niveau d'eau de *M. Desbordes*, les deux robinets sont rendus solidaires par une petite bielle ; on peut y adapter une perche et les fermer à la fois sans approcher de la chaudière, ce qui est toujours difficile quand le tube de verre est brisé.

Les divers systèmes de *manomètres* se font aussi une rude concurrence ; presque tous ont été imaginés pour donner au manomètre à air libre, qu'exigent les règlements administratifs, moins de hauteur et des formes plus commodes.

Les uns sont composés d'un syphon renversé ; l'une des branches, dont une partie est un tube de verre, est d'un diamètre plus considérable que l'autre ; de sorte que les oscillations du mercure dans le tube en verre sont beaucoup moins considérables que dans l'autre branche, ce qui permet de réduire considérablement l'échelle de l'instrument. Ces manomètres sont simples et peu dispendieux ; on leur reproche avec raison d'être moins sensibles que le manomètre à air libre ordinaire. Parmi ces manomètres à divisions raccourcies, les uns marquent de bas en haut, c'est alors la large branche qui communique avec l'atmosphère ; les autres marquent de haut en bas, c'est alors la branche étroite qui débouche à l'air.

D'autres manomètres sont formés d'un tube de verre de 40 à 50 centimètres de hauteur, débouchant par son bout inférieur dans une cuvette de fonte d'un diamètre beaucoup plus considérable ; la colonne de mercure indicatrice est supportée par une rondelle en caoutchouc et par un petit piston qui porte un petit bout de tige qui se meut à frottement dans la garniture de la cuvette. C'est la tête de cette tige qui reçoit la pression de la vapeur par l'intermédiaire d'une seconde membrane de caoutchouc et d'un peu d'eau, destinée à préserver cette dernière. On comprend que la vapeur exerce une certaine pression sur une petite surface, celle de la section de la tige ; que cette pression se transmet sans altération sur une surface plus grande, celle du piston et que, si cette surface est, par exemple, 20 fois plus grande que la première, le mercure ne recevra, par unité de surface, que la vingtième partie de la pression de la vapeur sur la même unité ; la hauteur de la colonne indicatrice sera donc réduite dans la même proportion.

Cet appareil est d'une construction simple, son prix n'est pas plus élevé que celui des manomètres ordinaires. On peut lui faire, comme aux précédents, le reproche d'être peu sensible ; en outre, le caoutchouc est facilement traversé par l'eau ou par le mercure, ce qui rend cet instrument inexact.

En France, où l'on rencontre un grand nombre de machines à haute pression (de 5 à 7 atmosphères et même au delà), ces modifications ont une certaine importance ; elles en ont moins pour nos usines, où la pression de la vapeur ne dépasse presque jamais 3 ou 4 atmosphères ; dans ces conditions-là, le manomètre à branches de même diamètre n'est pas encore un instrument incommode.

OUTILLAGE.

C'est avec bonheur que nous constatons qu'un Belge, *M. Decoster*, est un de ceux qui ont le plus contribué à rendre aussi brillante cette partie de l'exposition. M. Decoster, qui a commencé sa carrière comme simple ouvrier, est maintenant à la tête d'immenses ateliers qui ont fourni plus de la moitié des machines à filer le lin que l'on compte en France. On lui doit des améliorations nombreuses dans toutes les parties dont il s'est occupé et, pour rentrer dans notre sujet, nous dirons surtout que les petits ateliers lui doivent des actions de grâce pour le grand nombre d'outils ingénieux dont il les a dotés. M. Decoster, est du petit nombre des exposants qui ne craignent pas que leurs prix soient connus; le poids et le prix de chacune de ses machines étaient indiqués par un écriteau ; cela a dû lui répugner d'autant moins, que ses prix sont généralement moins élevés que ceux de ses confrères.

Je ne pourrai pas citer, ni surtout décrire sans l'aide du dessin, toutes les dispositions plus ou moins ingénieuses que présentent les machines-outils ; d'ailleurs, il est rare aujourd'hui qu'on invente quelque chose dans cette partie : tout au plus peut-on modifier ou perfectionner les machines qui existent. Je ne m'arrêterai qu'aux plus saillantes.

Comme nous l'avons déjà dit, les bâtiments de l'exposition ne renferment pas de marteau-pilon à vapeur ; en revanche on y rencontre plusieurs systèmes de marteaux verticaux destinés à la petite forge.

La *machine à forger* de *M. Decoster* est un marteau vertical à cames mues par courroie. Pour faire varier le nombre des coups, M. Decoster a appliqué à son marteau le mouvement différentiel qu'on remarque dans certaines machines à filer le lin ; un frein agit sur l'arbre des cames pour en diminuer la vitesse; le système différentiel à plateau de friction permet la transmission du mouvement du moteur à des vitesses différentes. Il est malheureux que cet effet soit obtenu par une complication d'engrenages qu'on ne saurait trop éviter dans une machine qui doit subir des chocs continuels, comme un marteau. Le marteau de M. Decoster est muni de l'enclume à pans portée sur deux tourillons, au moyen de laquelle on peut augmenter et diminuer la hauteur de chute.

Le marteau vertical de *M. Farcot* ne présente rien de remarquable ; c'est aussi un marteau à cames mû par courroies ou par une machine spéciale.

Sous tous les rapports nous préférons infiniment le marteau-pilon construit par *M. J. Schmerber* de Mulhouse ; nous le recommandons vivement à nos ingénieurs. Nous avons rapporté des croquis des différents marteaux qu'établit M. Schmerber et nous avons déjà eu le plaisir de nous les entendre demander par un de nos premiers établissements de construction qui se propose d'appliquer chez lui ce système.

Le marteau-Schmerber est soulevé par une came qui agit sous le centre de gravité de la masse, c'est-à-dire dans une rainure longitudinale du marteau. Le choc de la came est amorti par une série de rondelles de caoutchouc vulcanisé ; le rabat est aussi formé par des ressorts semblables. Dans son système de petits marteaux à courte levée, M. Schmerber n'emploie qu'une série de ressorts qu'il place dans le beffroi au dessus du marteau ; une vis permet de régler leur position relativement à la levée.

Les ressorts en caoutchouc vulcanisé peuvent avoir une durée moyenne de six mois ; mais ils ont besoin d'être nettoyés tous les jours. Il faut donc qu'ils soient facilement accessibles et que la fermeture de la boîte qui les renferme ne souffre pas des chocs réitérés que subit la machine ; le mode le plus convenable est une simple fermeture à baïonnette, sans vis, ni écrous.

Les variations de vitesse s'obtiennent très simplement en faisant passer plus ou moins la courroie de la poulie fixe sur la poulie folle. On peut arrêter instantanément le marteau au haut de sa course, en agissant sur un levier.

M. Schmerber établit des marteaux de 10 à 100 kil., donnant 300 à 600 coups par minute, des marteaux de 50 à 200 kil., pour aller de 150 à 300 coups et enfin d'autres plus forts, jusqu'à 600 kil., pouvant donner jusqu'à 150 coups à la minute.

On nous saura peut-être gré de faire connaître les prix que M. Schmerber demande de ses marteaux :

Un marteau de	50 kilogrammes	1,800 francs.
	100 »	3,000 »
	150 »	4,000 »
	200 »	4,500 »
	300 »	6.000 »
	400 »	7,000 »
	500 »	8,000 »

Il est à peine nécessaire de faire observer que ces chiffres comprennent un droit de brevet dont nous ne connaissons pas la quotité, mais qui doit être assez élevé.

M. Decoster appelle *étau-limeur* une machine à raboter les plus petites pièces pour lesquelles elle remplace le burin et la lime. La pièce y est saisie par les mâchoires d'un étau qui se rapprochent au moyen d'une vis de manière à rester bien parallèles. On peut adapter à la même machine un mandrin pour raboter les pièces rondes. Avec cet outil on peut confier au premier venu l'achèvement des clavettes, des coins, des clefs et autres menus objets.

Le même constructeur munit ses *machines à percer* d'un *plateau universel* qui peut prendre toutes les positions possibles à partir de l'outil jusqu'au sol, de manière à ce qu'on puisse y disposer rapidement des pièces de toutes formes et de dimensions très variées. Le plateau peut encore s'effacer pour permettre d'enterrer une partie des pièces trop longues.

Cette même machine peut devenir une machine à aléser par un demi-tour qu'on fait effectuer à la plate-forme. Cet outil très commode et d'un prix peu élevé, se rencontre actuellement dans un grand nombre d'ateliers.

M. Decoster est, pensons-nous, le premier qui ait employé, dans les *machines à planer*, un outil qui se retourne au bout de sa course pour la reprendre en sens inverse pendant le retour soit du chariot, soit de la plate-forme. Il résulte de cette disposition une grande économie de temps ; l'expérience est d'ailleurs venue démentir la crainte manifestée par quelques hommes compétents, que la précision d'ajustement qu'exige l'outil tournant ne soit un obstacle à son admission dans les ateliers.

Dans le *tour double* à tourner les roues de waggons sur leurs collets, du même, il n'y a plus d'excentration possible : l'essieu des roues est porté sur ses tourillons au moyen de deux paliers à coussinets fixés sur les plateaux du tour.

Pour en finir avec M. Decoster, regrettons qu'il n'ait pas trouvé de place pour exposer sa machine à fabriquer les bois de fusil et sa machine à tailler la pierre et le marbre, et mentionnons son *palier-graisseur* qui se graisse seul, d'une manière continue et sans le secours de l'ouvrier. Le palier renferme un petit réservoir d'huile placé en dessous du tourillon et dans lequel plonge une petite chaînette sans fin, mue par l'arbre à lubrifier. Cette chaînette amène de l'huile au haut du palier et la déverse dans quatre petits canaux qui la distribuent sur différents points du tourillon. On voit que ce graissage n'exige aucun soin, qu'il suffit de renouveler l'huile à de longs intervalles ; on remarquera aussi que le graissage s'effectue avec une abondance proportionnée à la vitesse du tourillon, c'est-à-dire proportionnée au besoin. L'huile en excès retombe directement dans le réservoir.

A propos de graissage, n'oublions pas les *burettes inversables* de *M⁵ Bouhon*. La forme en est des plus commodes ; c'est un cylindre qui tient très-bien dans la main. Le dessus de la burette s'amincit en un cône, à l'extrémité duquel se visse le tuyau d'écoulement légèrement recourbé. Sur le fond de la burette est soudée une chambre intérieure de forme conique dont le sommet ouvert vient déboucher à l'entrée du tuyau d'écoulement : cette *chambre à air* communique encore avec l'extérieur par un petit tuyau dont l'embouchure est disposée de façon à pouvoir être aisément bouchée avec le doigt. L'huile prend place dans la burette autour de la chambre à air. On conçoit qu'en retournant la burette, on va déterminer l'écoulement de l'huile par le tuyau à ce destiné, pourvu qu'on n'obstrue pas l'entrée de l'air, ce qui devient un moyen de régler l'écoulement. Quand la burette pleine d'huile tombe sur le côté, l'huile n'en sort pas, tant que la position horizontale n'est pas dépassée. Si on a laissé écouler trop d'huile, la burette peut l'aspirer quand on la redresse en lui laissant le bec plongé dans le liquide. L'économie d'huile est réelle, l'instrument est d'un usage plus commode que ceux employés jusqu'à présent, son prix n'est guère plus élevé ; aussi ceux de nos compatriotes que nous avons conduits à plusieurs reprises auprès de l'exposition de M. Bouhon, ont-ils tous fait l'acquisition d'une burette pour en rapporter le modèle en Belgique.

Revenons aux machines-outils ; voici, dans l'exposition de *MM. Derosne et Cail,* un gigantesque tour double pour roues de locomotives et de waggons ; on peut donner aux plateaux vingt-quatre vitesses différentes et les rendre indépendants l'un de l'autre. La *butée* de la pointe mobile est indépendante de la poupée et placée en arrière de manière à être facilement accessible et aisément remplacée en cas d'usure.

Les surfaces frottantes des machines de *M. Calla* sont toutes revêtues du *moiré* employé depuis longtemps pour augmenter l'adhésion et éviter le grippement dans les tiroirs des machines à vapeur. On sait que ce moiré s'obtient en substituant au travail de la lime, celui d'un grattoir avec lequel on polit sans peine les surfaces qui sortent de la machine à planer.

Les machines-outils de *MM. Huguenin, Ducommun* et *Dubied* se distinguent par une grande simplicité, par l'économie de leur construction et par quelques dispositions bien conçues, au nombre desquelles nous citerons le mécanisme très simple, dont est muni un tour à chariot, qui donne à l'outil des mouvements en huit sens différents et qui permet de fileter ou de tourner indifféremment de droite à gauche et de gauche à droite. Citons surtout la disposition adoptée pour leurs machines à mortaiser, qui éloigne la pièce de l'outil pendant que celui-ci remonte. Cet effet s'obtient très facilement en faisant basculer le plateau autour d'un axe horizontal, au moyen d'un excentrique porté par l'arbre supérieur. La pièce reprend sa position au moment où l'outil va redescendre pour l'entamer de nouveau. Cette disposition soulage l'outil, lui conserve son tranchant et donne un travail plus parfait. Le burin est maintenu, comme d'habitude, par deux vis dont l'effet n'est pas toujours sûr ; ces constructeurs y ajoutent une coulisse à double crémaillère dans laquelle on place un coin qui sert de point d'appui à la tête de l'outil.

MM. Festugières et Cie ont exposé le laminoir dont ils se servent pour fabriquer d'une seule pièce les cercles de roues de waggons. Le cylindre femelle fait avancer horizontalement une pièce droite en fonte qui doit donner la forme extérieure au bandage qui s'enroule de lui-même sur le cylindre mâle. Je n'ai pu obtenir de renseignements sur les avantages et les défauts que l'expérience peut avoir reconnu à ce mode de procéder, et je me contente, par conséquent, de donner une idée du laminoir sans apprécier la valeur de l'invention.

MACHINES DIVERSES.

Plusieurs machines à auner plus ou moins compliquées ont déjà été exécutées, et presqu'aussitôt abandonnées. Celle qui a le plus de succès est le *rectomètre* de M. Mannier qui offre l'inconvénient d'exiger encore un certain travail et une grande attention de la part de l'ouvrier qui le dirige. *M. Ruff* (37, rue Fontaine-Saint-Georges, à Paris), a exposé une machine à plier et métrer les tissus, qui ressemble un peu à celle de M. Kœchlin, et qui nous paraît destinée à rendre de grands services aux fabricants. Avec cette machine, le manœuvre, qui peut n'être qu'un enfant, n'a besoin que de tourner une manivelle, lorsqu'une fois l'étoffe est engagée dans l'appareil. L'étoffe est pliée sur une table horizontale et retenue à l'extrémité de chaque pli par une série de *punaises* à trois pointes très fines, qui se soulèvent au moment de saisir un nouveau pli ; l'étoffe est guidée par une double lame, dont un côté est entaillé de manière à laisser agir les punaises, pendant qu'elle maintient le pli ; vers la fin de chaque allée ou venue, cette double lame se retourne de manière à tendre le tissu en le plaçant sous les pointes. La table qui supporte l'étoffe descend au fur et à mesure que celle-ci s'y accumule ; ce mouvement doit varier avec l'épaisseur de l'étoffe ; ce changement se fait très simplement au moyen d'un cône de manchons sur lequel est portée la chaîne qui règle la descente de la table. Un encliquetage, placé sur le côté de la machine, laisse passer, à chaque pli, une dent d'une roue numérotée, sur

laquelle on peut lire immédiatement l'aunage de la pièce qui
vient d'être pliée.

Nous avons vu fonctionner plusieurs fois la machine de
M. Ruff avec une vitesse d'environ 60 mètres par minute,
c'est-à-dire près de quatre fois plus vite qu'un homme pliant
à la main.

Cet appareil n'occupe presque pas de place, il coûte
1,200 francs et 100 francs de plus quand on veut pouvoir
faire varier la longueur des plis.

Deux constructeurs M. Rohlfs et M. Caron ont exposé l'hydro-
extracteur, inventé en 1836 par M. Penzoldt pour essorer les
étoffes mouillées, à l'aide de la force centrifuge. Cet appareil
peut aussi servir à exprimer les marcs ou résidus, particu-
lièrement dans les fabriques d'huile et dans les raffineries de
sucre. On sait que l'hydro-extracteur consiste en un double
tambour en cuivre percé de trous, tournant rapidement
(1,500 à 1,800 tours par minute) autour d'un axe vertical
qui reçoit son mouvement par une manivelle ou une courroie
et une série d'engrenages. L'ouvrier qui manœuvre cette machine doit avoir bien soin de répartir également la matière
à sécher tout autour de l'axe et de ne lui donner que progressivement la vitesse nécessaire. Pour arriver à ce dernier
résultat, M. Caron y a adapté une espèce de mouvement différentiel consistant en trois systèmes de pignons et roues, de
diamètres différents, montés sur des arbres concentriques
non solidaires mus par autant de poulies distinctes. Cette
disposition présente un grand défaut, c'est que les six roues
et pignons marchent tous à la fois; cette complication est
presqu'incompatible avec une grande rapidité de mouvement.

Parmi le grand nombre de pompes qui encombrent une
galerie entière du palais de l'exposition, c'est encore une
vieille réputation qui prime : c'est la pompe-Letestu. On sait
que c'est une pompe à mouvement rectiligne alternatif dont
le piston est formé d'un cône métallique percé de trous et

renfermant un cornet de cuir qui déborde d'un centimètre environ ; ce cornet est formé de deux pièces ou d'une seule, selon les dimensions de la pompe ; tous les bords en sont amincis ; ils ne doivent pas être cousus. Le tout est maintenu par un boulon à l'extrémité de la tige. Voilà pour le piston. Le clapet inférieur est tout simplement composé d'une rondelle de cuir maintenue par un écrou au centre d'un disque métallique percé de trous.

Le jeu de cette pompe est facile à comprendre : lorsque le piston descend, l'eau s'échappe entre le cornet en cuir et le corps de pompe ; lorsqu'il remonte, le cuir est pressé de dedans en dehors contre les parois du cylindre, par la charge d'eau qu'il élève. Le corps de pompe n'a pas besoin d'être alésé, le cuir se pliant aux irrégularités qu'il présente. On comprend encore que cette pompe extrait sans inconvénient des eaux chargées de matières terreuses, de sable et même de gravier. Les pompes-Letestu, faciles à construire, sont encore plus faciles à réparer ; il n'est pas de village où l'on ne trouve facilement de quoi remplacer un piston ou un clapet ; il n'est pas de paysan qui ne puisse faire cette réparation. On peut au besoin remplacer le cuir par une garniture formée de plusieurs doubles de forte toile cousus ensemble.

Plusieurs commissions ont été chargées à différentes reprises d'examiner les pompes-Letestu ; leurs rapports sont très favorables ; on en trouvera des extraits dans le 5e vol. du *Bulletin du Musée de l'industrie belge*. Un ingénieur, qui s'en est servi pour des travaux d'assèchement à faible profondeur, nous en a fait le plus grand éloge.

M. Letestu vend 1,750 francs une pompe à deux corps de 0^m40 de diamètre et de 0^m20 de course, accompagnée de 3 mètres de tuyaux en cuir et de 3 mètres de tuyaux en tôle.

Parmi les pompes du même exposant, nous en avons surtout remarqué une, destinée à être placée dans l'axe d'un puits. Elle est mise en mouvement par un manége qui se

4

compose d'une couronne horizontale sur laquelle court un pignon qui met la tige de la pompe en mouvement, par l'intermédiaire d'un volant et d'un balancier; on peut y changer la longueur de la course en augmentant ou diminuant celle de la manivelle qui est représentée par un des bras du volant portant une rainure dans laquelle glisse le bouton.

M. Trésel, dont nous avons déjà cité le système de détente, a aussi exposé des pompes pour presses hydrauliques. La pièce exposée est une bâche qui renferme six pompes destinées au service de six presses, dont chacune peut être pressée ou dépressée, sans que l'ouvrier, chargé de ce soin, ait besoin d'approcher des pompes et sans interrompre la transmission de mouvement; l'ouvrier agit sur une pièce placée près de la presse hydraulique et qui permet le passage de la pompe à la presse ou de celle-ci à la bâche. Ce qui distingue surtout le système de M. Trésel, c'est l'emploi d'une soupape de sûreté qui interrompt le jeu de la pompe aussitôt que la pression est arrivée à un *maximum* préalablement fixé. L'emploi de cette soupape présente aussi l'avantage d'interrompre la pression pendant le cours de l'opération et de la reprendre lorsque l'écoulement du liquide à extraire ou le tassement des matières soumises à la presse, donne du jeu à celle-ci.

La soupape consiste en un petit piston; sa base repose sur un orifice qui communique avec le conduit qui dirige l'eau à la presse; il est guidé par un écrou qui doit être, on le conçoit, parfaitement ajusté; la verticalité de son mouvement est encore assurée par les articulations du levier qui pèse sur lui. Ce levier porte à son extrémité le poids qui détermine la pression *maxima;* il passe dans un enfourchement pratiqué dans la tête de la soupape et prend son point d'appui sur une bride bifurquée, articulée à sa partie inférieure. Quand la soupape se soulève, le levier supérieur dont nous venons de parler, agit sur un autre levier inférieur qui soulève la soupape d'aspiration de la pompe et l'empêche de fonctionner jusqu'à ce que la pression soit diminuée.

C'est surtout pour la fabrication du sucre que M. Trésel a imaginé cette combinaison. Il a senti les inconvénients que présentait l'emploi d'une seule pompe desservant plusieurs presses, système par lequel on ne peut faire subir qu'une fois la pression *maxima*, ce qui ne suffit pas pour épuiser la pulpe.

M. Trésel a complété son exposition par une râpe pour féculeries et sucreries indigènes. Elle est à deux trémies, dans lesquelles les sabots, alternant, donnent cinq à six poussées par minute. Ces poussoirs sont mus par des excentriques agissant sur des galets; ils sont ramenés en arrière par des contrepoids. Chaque poussée comprend 8 à 9 kilog. de racines. La lenteur du mouvement de retraite permet à une seule personne d'alimenter cette râpe. La vitesse du tambour est, comme dans les autres râpes, de 8 à 900 révolutions par minute. Le constructeur prétend que la petite vitesse des poussoirs permet à la râpe de déchirer plus complétement les cellules de la betterave ou de la pomme de terre, ce qui augmenterait, d'après lui, le rendement.

La presse à acides gras de *M. Saulnier,* est une presse hydraulique horizontale; la matière à comprimer est placée dans des sacs séparés par des plaques de fonte chauffées préalablement; ces plateaux sont supportés verticalement dans la presse par deux oreilles qui courent le long de deux tringles horizontales. Le tout est renfermé dans une grande bâche à doubles parois entre lesquelles on fait circuler de la vapeur pour le pressage à chaud.

Afin de faire marcher les fonds mobiles avec une vitesse progressivement ralentie et de proportionner l'effort à la résistance, on applique à cette presse une disposition bien connue, qui consiste en ceci : l'injection se fait simultanément par deux pompes; les deux engrenages qui commandent leurs pistons diffèrent entre eux d'une dent, de sorte que les deux pompes qui foulaient ensemble au premier tour, se contrarient de plus en plus, et enfin, après un certain nombre de coups, réglé par le nombre des dents des engrenages, une pompe foule tandis que l'autre aspire, et toute injection dans la presse a cessé après avoir diminué progressivement. Il faut alors arrêter la machine.

Les moyens mécaniques pour extraire par pression le suc des fruits et autres végétaux partagent, avec les moyens de prévenir les accidents sur les chemins de fer, le privilége de stimuler singulièrement l'imagination des inventeurs ; aussi l'exposition actuelle nous offre-t-elle un grand nombre de pressoirs de toutes formes, de toutes dimensions, entre lesquels nous avons perdu beaucoup de temps, sans que nous puissions en signaler d'autres que le *pressoir-Kœppelin*. Celui-ci est une application de la presse hydraulique à l'extraction des huiles, des vins, etc. Le pressoir, proprement dit, est un vase de tôle de forme lenticulaire ; le fond intérieur est plein, le couvercle est percé de trous destinés à l'écoulement des liquides. Entre les bords de ces deux parties, se trouve saisie une membrane imperméable, sur laquelle on place la matière à presser et sous laquelle une pompe injecte de l'eau. Voilà ce pressoir dans toute sa simplicité.

La membrane élastique est formée d'un assemblage de six à douze toiles réunies par un vernis de caoutchouc ; elle est protégée à sa partie supérieure par une membrane de même forme, mais en cuir. Elle est fixée au bassin par un anneau en fer assemblé par des boulons suffisamment rapprochés. Les bords du couvercle portent des ouvertures allongées dans lesquelles passent des crampons ou crochets qui terminent les têtes des boulons dont nous venons de parler ; pour fixer le couvercle, on doit lui donner un léger mouvement de rotation pour l'engager sous les crochets ; on l'arrête au moyen d'une cale placée derrière un de ceux-ci. Une gouttière règne autour du couvercle pour recevoir les liquides et les conduire à un ajutage latéral. La matière à presser doit être enveloppée d'une toile grossière.

Le pressoir-Kœppelin présente sur les presses hydrauliques

l'avantage de ne pas présenter de frottements, le piston de celles-ci étant remplacé par un diaphragme flexible. La forme qu'il affecte est des plus convenables ; le couvercle et le fond n'ont pas besoin d'être renforcés pour résister à une forte pression. La pression y est répartie sur tous les points de la masse et l'écoulement des liquides s'y effectue sur une grande surface relative. L'appareil entier occupe très peu de place.

M. Kœppelin prétend pouvoir presser à chaud en remplaçant le diaphragme en caoutchouc par une membrane en gutta-percha ; le ramollissement que subit cette matière dans l'eau chaude permettra-t-il de l'employer avantageusement à cet usage? Il est au moins permis de douter de la durée de cette membrane.

Un pressoir de 1 mètre de diamètre, coté 800 fr., peut, dit l'inventeur, opérer sur quatre hectolitres de raisins à la fois, étant manœuvré par un seul homme ; l'opération dure une heure.

Les *moulins à bras* de *M. Bouchon* sont employés par l'armée d'Afrique ; ils ont été l'objet d'un rapport très favorable du comice agricole de Château-Thierry. Ce moulin portatif est formé par deux meules de 20 centimètres de diamètre et de 5 centimètres d'épaisseur. La meule supérieure est fixe, la meule inférieure fait 120 tours. Le blé est d'abord concassé grossièrement entre l'œillard de la meule fixe et une noix semblable à celle des moulins à café. La crapaudine qui supporte l'axe de la meule tournante est formée de cuir embouti ; par là, l'inventeur a eu en vue de remédier à la négligence dans le graissage et d'éviter le grippement qui en est la suite.

Un pareil moulin manœuvré par deux hommes donne par heure, 20 kilog. de mouture à la grosse, ou 10 kilog. de mouture blutée ; un seul homme suffit au repassage des sons et des gruaux. Le moulin de M. Bouchon, muni d'une petite bluterie, coûte 300 fr.; il ne pèse que 50 kilog.

Le même a exposé un *décortiqueur* que nous croyons tout

nouveau. Il est formé de deux meules horizontales : la meule inférieure, en granit, reçoit le mouvement du moteur par son arbre ; la meule supérieure, d'un diamètre moindre de 1/4 de celui de la première, est en caoutchouc. Elle est placée excentriquement sur la première, de manière que sa circonférence est intérieurement tangente à la circonférence de la meule inférieure. La meule en caoutchouc est mobile autour d'un axe placé à son centre ; elle reçoit son mouvement du frottement de la meule inférieure.

L'avantage qui résulte de l'excentricité est que la meule de pierre ou les substances à décortiquer ne peuvent pas tracer de sillons circulaires dans la meule en caoutchouc.

La meule supérieure est montée sur une plaque à coulisse; on la remplace facilement. Lorsqu'elle éprouve des altérations pendant le travail, on les fait disparaître par la pression sur un mandrin qui a la forme voulue.

Cette machine fonctionne très bien pour la décortication des graines oléagineuses, du trèfle anglais, etc. M. Bouchon dit en avoir fourni à Saint-Malo, pour la décortication du riz ; cependant le riz que j'ai vu sortir du moulin décortiqueur de M. Bouchon aurait pu être plus beau.

M. Labbé se sert, pour ses moulins à blé, de cylindres cannelés ; il en emploie trois, un supérieur et un inférieur de 8 centimètres de diamètre, un autre intermédiaire et latéral, de 16 centimètres. Le corps des cylindres est en pâte de meulière, dont le ciment est probablement formé de silice en gelée ; les cannelures sont formées par des lames d'acier enchâssées dans la pâte. Ce moulin ne peut pas convenir pour meunerie, il ne donne pas assez de farine blanche ; mais nous pensons qu'il conviendrait parfaitement pour concasser le malt des brasseurs.

Comme outils commodes, citons encore quelques *forges volantes*. Les unes sont placées sur un tambour en tôle au fond duquel se trouve le soufflet consistant en un cylindre à double effet ; ce tambour sert en même temps de pied à la forge, de réservoir à air et d'appareil à air chaud ; l'échauffement s'achève dans des branches creuses qui s'élèvent derrière le foyer au-dessus de la tuyère.

Dans d'autres, le soufflet est remplacé par un petit ventilateur à force centrifuge de 25 centimètres de diamètre. Pour la facilité du service, la manivelle est montée sur une plateforme tournante. L'arbre vertical du ventilateur porte une roue dentée qui engrène avec une vis sans fin mue par la manivelle.

Les inventeurs de *freins* et d'appareils de sûreté pour *chemin de fer* n'ont pas fait défaut au grand rendez-vous de l'industrie française. De fait, la question prend de jour en jour plus d'importance ; il est triste seulement de voir que la plupart des inventeurs ne s'inquiètent nullement de ce qui a été fait ou essayé avant eux et qu'ils ne profitent aucunement de l'expérience des autres. Les mêmes errements trouvent constamment des dupes : ainsi nous voyons encore bon nombre de mécaniciens s'acharner à trouver un moyen d'arrêter instantanément un convoi lancé à pleine vitesse. Les commissions et les ingénieurs des chemins de fer condamnent généralement tous les freins, moyens de décrochage et autres appareils *self-acting;* peut-être reviendraient-ils de ce jugement absolu, si on leur présentait un appareil agissant dans de bonnes conditions ; aussi ne saurions-nous blâmer *M. Peaucelier* de ce qu'il cherche un moyen simple de décrocher la locomotive du convoi dans certains cas donnés. Dans tous les cas, un garde-frein, en agissant sur un levier, peut presqu'instantanément opérer ce décrochage ; il dégage de la sorte trois verroux dont chacun était engagé dans un œil que porte chaque barre d'attache.

Tout le monde connaît le *frein-Laignel* dont il est fait usage sur les plans inclinés d'Ans à Liége. Chacun sait que le frottement de roulement des roues y est remplacé par le frottement de glissement de patins qui s'appuyent sur les rails et soulèvent toute la voiture. *MM. Joannon aîné et*

Guyot ont modifié ce système ; ils remplacent les patins par quatre galets excentriques sur deux arbres horizontaux auxquels on donne très facilement et sans employer beaucoup de force, un mouvement de rotation, par un système de vis fort simple.

Après cela, nous n'avons rien remarqué de bien neuf. Le tampon de choc de M. *Charles de Bergue* lui-même ne nous a frappé que comme un souvenir vague d'une disposition analogue que nous aurions rencontrée quelque part. Le waggon, muni de ce tampon, est dépassé à l'avant et à l'arrière par deux cadres ; chacun de ceux-ci porte deux crémaillères horizontales qui engrènent avec deux pignons, les mêmes pour les deux cadres. L'arbre de ces pignons porte un frein qui agit d'autant plus énergiquement que les cadres sont rentrés plus avant. De la sorte, un choc se trouve amorti progressivement. La plus grande saillie des cadres est d'environ 2 mètres à $2^m 30$.

Des chemins de fer aux voitures ordinaires, il n'y a qu'un pas ; faisons-le pour rencontrer un petit mécanisme bien simple et qui remplit parfaitement son objet. Nous voulons parler d'une *cale,* dite *à fléau,* destinée à remplacer les cales qu'on place à la main sous les roues des voitures, pour empêcher le recul, sortir des ornières ou faciliter le passage des rampes en louvoyant en zig-zag.

La *cale à fléau* de M. *Bouhon*, se compose de deux cliquets qui s'engagent entre les rais, sur le derrière des roues ; ils sont mobiles autour de charnières à talon qui ne leur permettent pas de descendre en-dessous de la position horizontale. Ces cliquets, que l'on peut établir en fer ou en bois, n'opposent pas de résistance au mouvement en avant, mais ils empêchent le recul en offrant un point d'appui aux rais. On peut empêcher l'appareil d'agir, en relevant les patins au moyen d'une ficelle qui aboutit près du cheval.

Ce petit mécanisme que l'on peut établir fort solidement pour une dizaine de francs, est facile à manœuvrer et d'une utilité incontestable. C'est aussi l'avis de la société d'encouragement.

Depuis longtemps l'on s'est préoccupé des moyens d'envoyer à une certaine distance, à un navire en mer, par exemple, une corde comme moyen de communication et de sauvetage ; un capitaine anglais, dont le nom m'échappe, avait imaginé de faire arriver ce cordage en fixant une de ses extrémités à une bombe qu'on lançait au moyen d'un mortier ; cela réussissait fort rarement; le plus souvent, le cordage se rompait et lorsque l'on échappait à ce danger, l'action du vent sur la corde occasionnait une déviation qu'il n'est pas possible de calculer à l'avance.

M. Delvigne a résolu le problème en se servant d'un *porte-amarre* en bois de forme cylindrique allongée, contenant dans son intérieur le cordage lui-même roulé en bobine. De cette façon, on évite les chances de rupture du cordage et l'action du vent sur la corde est compensée, parce qu'elle produit une inclinaison de la pointe du projectile vers le vent et une dérivation en sens inverse. D'ailleurs, si le but est manqué, le *porte-amarre* devient une petite bouée qui flotte aux environs du navire. Dans des expériences faites sur ce moyen de sauvetage, dont tous les journaux ont rendu compte, on a atteint une portée d'environ 500 mètres.

Beaucoup de personnes ont entendu parler du *bateau sous-marin* du *docteur Payerne* ; il en est peu qui sachent en quoi consiste cette invention. Ce bateau remplit tous les offices d'une cloche à plongeur ; dès qu'il est immergé, il ne communique plus avec l'atmosphère ; il porte avec lui une provision d'air comprimé et des subtances propres à régénérer celui-ci en lui enlevant son acide carbonique.

Le bateau sous-marin se présente sous une forme ovoïde allongée ; l'avant est pointu, l'arrière est terminé par une calotte hémisphérique. Il ressemble à une grande chaudière de tôle, renforcée par des membrures intérieures et par des cercles extérieurs. Il est divisé en deux parties par une forte cloison cintrée ; le compartiment le plus grand est à l'avant ; c'est le réservoir d'air comprimé. Le compartiment de l'arrière doit recevoir les hommes ; ceux-ci en sortent, pour travailler au fond de l'eau, par un petit puits dans lequel on empêche l'eau de monter en maintenant l'air de ce compartiment à une pression suffisante.

Pour le forcer à s'immerger, on introduit dans l'appareil une certaine quantité d'eau ; des pompes servent à cet usage ; elles ont aussi pour fonctions l'emmagasinement de l'air dans le réservoir, l'envoi de l'air irrespirable dans l'épurateur et l'évacuation des eaux quand on veut remonter à la surface.

Le bateau porte extérieurement des anneaux pour s'amarrer ; il se meut et se gouverne au moyen d'une hélice et de trois gouvernails placés à l'arrière. Un gouvernail est vertical, les deux autres sont horizontaux. L'intérieur est éclairé par des hublots en nombre suffisant.

L'expérience de plusieurs années est là pour constater l'utilité de cet appareil, sa facilité de mouvement et son économie sur les appareils plus ou moins analogues auxquels on avait recours jusqu'à présent pour des recherches sous l'eau, pour des constructions sous-marines ou des opérations de sauvetage.

NAVIGATION A VAPEUR.

Les principaux défauts des roues à aubes fixes, pour la navigation à vapeur, sont :

1° Les pertes de force résultant de ce que l'effort communiqué à chaque pale n'est utilisé complétement que dans une seule position de celle-ci ;

2° En outre, dans le mouvement de roulis, les pales qui sont horizontales rencontrent à chaque instant la masse liquide, d'où il résulte une autre perte de force très considérable.

3° De plus, lorsque le navire marche à la voile et qu'on suspend l'action du moteur, les aubes inférieures sont un obstacle à la marche, une cause de résistance qu'on n'a évité jusqu'à présent qu'en rendant les roues folles par un désembrayage ou, plus souvent, en enlevant les aubes inférieures de la roue.

Deux roues sont employées, qui évitent à peu près les deux premiers inconvénients, mais non pas le dernier ; ce sont les systèmes *Cavé* et *Morgan*. Dans l'un, comme dans l'autre, les palettes pivotent *horizontalement*, afin d'entrer dans l'eau et d'en sortir normalement. Ce mouvement est commandé par un seul excentrique placé sur l'arbre des roues et par une série de bielles. Les avantages que présentent ces roues sont achetés au prix de frottements très considérables et d'une grande fatigue de l'excentrique. La solidarité des pales entre elles est d'ailleurs un défaut.

Si les organes mécaniques sont un obstacle lorsqu'ils cessent d'agir, il en est de même des mâts et du gréement dans la marche à la vapeur.

Telles sont à peu près les considérations qui ont amené *M. Séguier*, dont le nom seul est une garantie de l'utilité de son invention, à chercher à construire un bateau à vapeur « tel qu'il pût être mu économiquement par le vent, sans » perdre ses avantages propres, résultant d'un faible tirant » d'eau. » Il a d'abord imaginé une roue dont toutes les palettes sont indépendantes et pivotent *suivant le rayon* dans de longs coussinets de matière dure ; leur axe porte une manivelle qui obéit à une courbe directrice tracée de façon à ce que la masse de chaque aube s'arrête sans choc. La courbe directrice est mobile, de sorte qu'on peut effacer toutes les aubes de la partie inférieure, lorsque les roues sont au repos. La masse des roues simule alors une sorte de dérive qui contribue à la stabilité du navire, dont le centre de gravité se trouve plus élevé dans la marche à la voile, par suite de la mâture qui est construite à coulisse.

Nous avons emprunté ces détails à une note lue par
M. Séguier dans la séance de l'académie des sciences du 18
octobre 1847 ; nous y renvoyons ceux qui désirent davantage.

CONSTRUCTIONS DIVERSES.

Avant 1842, M. de Gasparin avait déjà établi des *conduites
d'eau en béton* ; il les fabriquait en place, par portions de 16
à 33 mètres, sur un mandrin formé d'un boyau en toile rempli
d'eau sous une pression de 2 mètres environ. Ce boyau était
ensablé pour qu'il n'adhérât pas au mortier ; on lui donnait
une forme régulière au moyen d'un gabarit en fer blanc.
Suivant M. de Gasparin on peut construire de pareils tuyaux
de 8 centimètres de diamètre au prix de 50 centimes le mètre
courant. Des conduites de 16 à 20 centimètres coûteraient
de 1 à 2 francs, par le même procédé.

Aujourd'hui, *M. Duval-Pirou* construit des tubes en tôle
très faible, recouverts d'une enveloppe de béton dont l'épaisseur est proportionnée au diamètre des tuyaux. La tôle ne
sert que comme moule et pour maintenir le béton avant sa
solidification. Cette fabrication se fait à l'atelier, sauf pour les
conduites dont le diamètre dépasse 25 centimètres, qu'on établit sur place. Les tuyaux *monolithes*, comme les dénomme
leur inventeur, sont légèrement coniques ; pour les assem-
bler, il suffit de les emboîter de quelques centimètres les uns
dans les autres. C'est là une industrie fort intéressante, mais
qui le devient bien davantage dans les applications qu'en a
faites M. Duval-Pirou, en modifiant les *monolithes* suivant les
services qu'il en réclame.

M. Duval propose d'abord un nouveau mode de construction des brise-lames, des jetées et autres travaux similaires.
Prenons pour exemple la construction d'un *brise-lames*, fondé
par une profondeur de 5 mètres à mer basse.

Les fondations s'exécutent au moyen de tubes en tôle de
1^m20 de diamètre sur 6 mètres de hauteur, posés verticale-

ment sur le fond, cramponnés ensemble de manière à former d'énormes caissons que l'on remplit de béton jusqu'à l'arrasement des tubes, c'est-à-dire à 1 mètre au-dessus du niveau de la basse mer. La partie supérieure de la construction est formée de tuyaux en tôle de 1 mètre de diamètre, posés horizontalement et dont les intervalles seulement sont remplis de béton lorsqu'on veut obtenir un brise-lame à claire-voie.

Tout ceci suppose un fond solide pour établir les fondations ; s'il en était autrement, on se servirait, pour les faire, de tubes à doubles parois dans l'intervalle desquelles on coule du béton ; ces tubes s'enfoncent par leur propre poids, au fur et à mesure que l'on drague à l'intérieur, jusqu'à ce qu'ils atteignent le terrain solide. On achève la consolidation de ces fondations, en remplissant de béton tous les vides.

Si les fondations doivent avoir une plus grande profondeur, on établit plusieurs assises semblables en retraite les unes sur les autres.

Une des applications les plus remarquables du nouveau mode de construction aux ouvrages d'art à la mer, est celle relative à l'établissement d'un phare en pleine mer et sur un fond de sables mouvants. Pour ce faire, M. Duval n'emploie que deux énormes tubes concentriques dont le plus large circonscrit toute l'enceinte des fondations ; il forme à la fois ces deux tubes d'un certain nombre de voussoirs verticaux ; chacun de ceux-ci est donc composé de deux feuilles de tôle ployées en arc-de-cercle, reliées entre elles par des traverses et par un fond de même métal. Ces deux feuilles dépassent d'un côté, pour former un emboîtement destiné à recevoir le voussoir suivant ; de sorte que quand ils sont tous assemblés, le dernier faisant clé de voûte, ils ne puissent plus sortir de leur position relative.

Lorsque ces éléments sont assemblés, on coule du béton entre les deux enveloppes. L'appareil doit s'enfoncer par son propre poids aidé d'un draguage qui se fait à l'intérieur et qui est dirigé de façon que le puits artificiel descende bien

verticalement. Quand ces fondations ont atteint le terrain solide, que l'intérieur en est déblayé, il ne reste qu'à en combler le vide avec du béton.

La maçonnerie qui s'élève au-dessus des fondations, au
lieu d'être pleine, est à jour, afin d'opposer à l'action des va-
gues la moindre résistance possible. Elle se compose d'un
certain nombre de piliers cylindriques destinés à supporter
la plate-forme sur laquelle repose la tour du phare. Il est inutile de dire que ces piliers sont des tuyaux de tôle remplis de
béton.

Dans toutes les constructions de M. Duval la tôle n'étant
destinée qu'à servir de moule au béton jusqu'à sa solidification, n'a pas besoin d'avoir une grande épaisseur.

Nous voyons dans le mode de fondation de ce phare, un
procédé qui pourra recevoir son application dans les mines;
il est certains cas du passage d'un puits à travers des *sables
boulants* où ce moyen pourra être employé et où il offrira même
de grands avantages. Il n'est pas nécessaire de démontrer
qu'il est praticable; peut-être faudra-t-il le modifier un peu.
Ainsi il conviendra d'asseoir le double tube sur une plate-forme
en madriers solidement établie; il faudra aussi limiter la hauteur du tubage, sauf à le partager en plusieurs assises suc-
cessives, reliées par le béton lui-même; cette hauteur dé-
pendra de la consistance du terrain supérieur et de l'étendue
sur laquelle on pourra le découvrir pour loger le tubage
avant sa descente dans le sable coulant. Comme le vide intérieur n'est pas destiné à être rempli, pour le cas qui nous occupe, il serait nécessaire de consolider l'enveloppe de tôle
par des cercles de fer reliés par des traverses de même métal.

Le temps nous manque pour étudier cette application et
la comparer aux modes habituels d'opérer; nous la croyons
néanmoins plus économique que la maçonnerie ordinaire, lorsque le sable à traverser est très liquide. Dans les cas où le
poids de l'appareil ne suffirait pas pour le faire enfoncer, on
se servirait de vis de pression.

Une *scie à réceper sous l'eau*, ayant servi à la construction d'un viaduc dans la baie d'Etaples, pour le chemin de fer d'Amiens à Boulogne, mérite une citation. La lame de la scie est fixée à un bâti en fonte et fer supporté par un chariot qui se meut, au-dessus du niveau de l'eau, sur un chemin de fer, dans le sens du trait de scie. Deux hommes le mettent en mouvement au moyen de deux leviers ; un troisième, au moyen d'une vis sans fin, fait avancer tout l'appareil sur un chemin de fer perpendiculaire au premier, pour passer d'un pilotis à un autre.

M. Tachet, le fabricant bien connu d'équerres et d'instruments de dessin, a inventé un procédé qu'il appelle *préparation ouxhygrométrique des bois,* par lequel il empêche les bois mis en tables ou en panneaux, de se rétrécir, de s'élargir, de s'onduler, de se fendre. Il forme l'épaisseur d'un panneau d'un nombre plus ou moins grand de feuillets assemblés à fil contrarié ; on les réunit avec de la gomme laque en poudre, que l'on met ensuite en fusion dans des appareils disposés à cet effet. Les bois employés ont dû être préalablement séchés à 60° environ. Les panneaux ordinaires sont formés de trois épaisseurs ; les pièces plus soignées en comportent de trois à cinq.

L'exposition de M. Tachet prouve que son procédé donne les résultats les plus satisfaisants ; la foule a passé pendant trois mois sur des parquets *ouxhygrométriques ;* de grands panneaux isolés, des planches à dessiner n'ont pas gauchi ; d'autres panneaux sont trempés dans de l'eau et restent plans ; un autre a été exposé, pendant plusieurs semaines, à toutes les intempéries de l'atmosphère, sur un balcon. Cette dernière expérience, rendue authentique par les signatures que porte le panneau lui-même, est parfaitement concluante.

Malheureusement, comme beaucoup de bonnes choses, les parquets de M. Tachet sont d'un prix très élevé ; il en établit depuis fr. 22-50 le mètre carré, tandis que le point de Hon-

grie ordinaire ne coûte à Paris que 9 à 10 francs. Pour les
parquets riches la différence est moins sensible. Les panneaux
pour menuiserie peinte ou polie à un ou deux parements
de chêne coûtent de fr. 11-50 à fr. 13-25 le mètre
carré pour une épaisseur de 10 millimètres, de fr. 13 à
fr. 14-75 pour une épaisseur double.

Les dessinateurs apprécieront parfaitement le procédé de
M. Tachet qui leur procurera des planches et des tables à
dessiner inaltérables, ce qu'ils ont cherché en vain jusqu'à
ce jour.

ARTS CHIMIQUES.

En arrivant dans les galeries consacrées aux arts chimiques,
ma tâche, déjà si difficile, le devient davantage encore.
Généralement, l'examen de ces produits ne suffit pas pour
en constater la valeur, non plus que pour indiquer les progrès
de leur fabrication. On se trouve en face d'une quantité
effrayante de produits, les uns médiocres, les autres beaux,
plusieurs superbes, quelques-uns nouveaux, la plupart connus;
on les regarde, on les admire quand il y a lieu, mais ils
ne vous apprennent pas, non plus que leurs étiquettes, lorsqu'ils
en portent, les nouveaux procédés qui peuvent avoir
concouru à leur fabrication, les perfectionnements que
celle-ci a reçus. Presque jamais le prix d'un produit n'est
indiqué, véritable pierre de touche pourtant des industries
dont nous nous occupons. Il faudrait pouvoir recueillir des
données positives sur la nature et les méthodes de fabrication
de ces produits, et leurs fabricants sont, de tous les exposants,
les plus rares.

Tout au plus peut-on constater l'importance qu'ont prise
certaines fabrications plus ou moins nouvelles et le parti qu'a
su tirer l'industrie de matières jusqu'aujourd'hui peu ou pas
utilisées.

Ainsi les expositions de plusieurs usines nous montrent

les produits ammoniacaux provenant des eaux de condensation et de lavage du gaz d'éclairage; l'emploi, pour cette
épuration, du sulfate de fer, ou du chlorure de manganèse,
résidu de la fabrication du chlore ou encore d'un mélange
de sulfate et d'oxide de plomb.

Ce grand accroissement de la production des sels ammoniacaux et la réduction de leur prix, qui en est la conséquence, permettent aujourd'hui de les employer comme des
engrais dont il n'est plus permis de nier l'efficacité. C'est
avec bonheur qu'on voit l'industrie se porter vers l'intéressante production des engrais ; elle fournit déjà à l'agriculture,
outre les sels ammoniacaux dont nous venons de parler,
ceux provenant des eaux-vannes, les différentes préparations
du sang des abattoirs, les noirs résidus des fabriques et des
raffineries de sucre, le noir animalisé, les résidus de la fabrication du prussiate de potasse, etc.

L'extraction des sulfates de soude et de potasse, du chlorure de potassium et du brôme des eaux-mères des marais-
salants, industrie due à M. Balard, prend chaque jour plus
d'extension.

Il en est de même du traitement des résidus de la fabrication du sucre indigène, pour en obtenir de l'alcool et des salins
de potasse. Cette fabrication prend d'autant plus d'importance
que la potasse devient de jour en jour plus rare par la dis-
parition des forêts.

La distillation du bois et la fabrication des produits qui en
dépendent occupent exclusivement plusieurs usines.

Citons encore la production des glucoses et leur emploi
pour la fermentation des bières et des moûts de raisin, l'extraction du gluten frais et son emploi comme matière alimentaire, la fabrication de la dextrine pour la substituer à la
gomme arabique dans la plupart de ses emplois et pour
remplacer concurremment avec le serum albumineux du
sang, le blanc d'œuf dans le collage, dans l'impression des
tissus, etc.

4*

La fabrication des acides gras, solides et liquides, est peut-être celle qui a fait le plus de progrès ; les acides et les bougies stéariques exposés par un grand nombre de fabricants sont de la plus grande beauté. Le prix de ces bougies est d'ailleurs tellement diminué, que l'usage s'en répand dans presque toutes les classes de la société.

Nous n'avons remarqué, au milieu des produits chimiques, qu'un seul échantillon de sulfate d'alumine ; la difficulté d'obtenir d'une manière certaine ce produit pur, l'impossibilité de le produire en cristaux qui en assureraient la composition, sont peut-être la cause du peu d'extension que semble avoir prise la fabrication de ce sel qui présente cependant de grands avantages sur l'alun, qu'il est appelé à remplacer dans les opérations de la teinture, comme dans le collage du papier.

La distillation du goudron donne des produits divers que l'on est parvenu à utiliser complétement. Les huiles essentielles (le naphte de quelques-uns) servent à l'éclairage; après avoir été rectifiées, elles sont brûlées dans des lampes spéciales dites *lampes-camphines*. Les huiles grasses sont employées dans la fabrication des graisses pour machines et pour voitures; ces graisses sont connues en Belgique, où elles ont valu à un fabricant une distinction à l'exposition de 1847.

L'emploi, pour la carbonisation et la distillation des matières combustibles, de la vapeur d'eau échauffée à une haute température après sa formation, pour lequel MM. Thomas et Laurens ont pris un brevet d'invention en 1839, cet emploi n'en est pas resté là. On sait que la poudrerie de Wetteren, près de Gand, fabrique son charbon par ce procédé depuis 1842.

M. Violette, commissaire des poudres à Esquerdes, applique la vapeur surchauffée, non-seulement à la carbonisation du bois, mais encore à la cuisson du plâtre, du pain et surtout du biscuit de mer. Ce dernier est des plus appétissants, la croûte en est bien dorée et la masse parfaitement cuite.

La température de la vapeur est élevée à 200° pour le biscuit, à 250° pour le pain.

Les appareils employés diffèrent selon leur destination et suivant les caprices des constructeurs. Ils se composent essentiellement : 1° d'un générateur à vapeur ; 2° d'un serpentin à tube enroulé, ou mieux à tubes droits, placé dans un foyer et destiné à l'échauffement de la vapeur ; 3° d'une capacité en cuivre ou en tôle renfermant la matière à cuire ou à carboniser.

On trouvera dans le 6° vol. des *Annales des travaux publics de Belgique,* une description succincte de l'appareil très-simple employé à Wetteren.

Dans celui qui sert à Esquerdes pour la carbonisation du bois, le cylindre de carbonisation a une double enveloppe dans laquelle la vapeur circule avant d'arriver à l'intérieur ; le serpentin est en fer contourné en hélice. Le bois à carboniser est chargé dans une enveloppe cylindrique en toile métallique ou en tôle perforée, afin de pouvoir opérer plus rapidement le défournement. L'évaluation de la température s'obtient au moyen de petits cylindres formés d'alliages fusibles à différentes températures. On les pose dans des tubes en cuivre qui pénètrent dans le cylindre de carbonisation ; une pointe de fer indique la température en s'enfonçant dans l'alliage aussitôt que celui-ci entre en fusion. M. Violette a reconnu que la pression de la vapeur devait atteindre une demi-atmosphère au moins, pour la carbonisation du bois. L'opération dure environ deux heures pour une charge de 25 à 30 kilogrammes de bois de bourdaine. Pour obtenir du charbon roux, la température ne doit pas dépasser 300°.

Nous croyons savoir que des essais se font en Allemagne pour la carbonisation des lignites par la vapeur surchauffée et l'emploi du combustible ainsi obtenu, dans les hauts fourneaux.

C'est aussi par la vapeur surchauffée qu'il convient, pensons-nous, de souder les panneaux *ouxhygrométriques* de M. Tachet dont nous avons parlé plus haut.

D'autres applications se trouvent encore dans la distillation des substances insolubles dans l'eau.

Blanc de zinc. — En 1784, Guyton-Morveau avait déjà proposé l'emploi des sels de zinc dans la peinture et fait ressortir les avantages qu'ils présenteraient sous le rapport de l'hygiène et sous celui de la conservation des couleurs. En 1808, M. Mollerat fabriquait du *blanc de zinc.* En 1821, Lassaigne avait de nouveau indiqué l'oxide de zinc comme pouvant remplacer la céruse. Comment se fait-il qu'il ait fallu autant d'années pour faire accepter, pour introduire ce produit dans le commerce ? C'est qu'il y avait quelques difficultés de fabrication à vaincre ; c'est que tout oxide de zinc ne peut pas entrer en lutte avec le carbonate de plomb ; c'est qu'aussi il fallait vaincre la routine et combattre certains intérêts. Maintenant une société puissante a entrepris cette fabrication ; elle fabrique bien et ne recule d'ailleurs devant aucun moyen de publicité, témoins ces deux panneaux qui forment son étalage à l'exposition. Le fond en est peint au blanc de zinc qui encadre des carreaux peints avec des céruses d'origines diverses ; le tout doit avoir été soumis à des vapeurs sulfureuses. d'où il est nécessairement résulté que le blanc de zinc a conservé sa pureté, tandis que la peinture à la céruse a pris une teinte brune dont l'intensité est proportionnelle à la pureté de la céruse employée ; remarquons, à cette occasion, que les céruses que cette opération a le plus noircies, sont les céruses belges et hollandaises. Quoi qu'il en soit du plus ou moins de mérite de ce qu'on a appelé l'arc-de-triomphe du blanc de zinc, celui-ci a encore beaucoup de peine à se voir accepté ; il couvre moins que la céruse et n'est pas d'un usage aussi économique qu'on pourrait le penser, si ce n'est pour les couleurs composées, où il conserve toute sa supériorité. Des papiers peints, dont les couleurs sont à base de zinc, complètent l'exposition triomphale du blanc de zinc, dont beaucoup de gens se défient à tort, à cause de l'excès même de ses réclames. La question de salubrité est évidemment résolue en faveur des couleurs à base de zinc; il faut dire cependant qu'elle a moins d'importance que jadis, à cause des perfectionnements apportés dans la fabrication de la céruse et des précautions dont les ouvriers sont entourés.

Voici sur le mode de préparation de l'oxide de zinc, quelques lignes que nous empruntons à M. A. Chevalier :

« Pour obtenir de l'oxide de zinc en grand, M. Leclaire a « fait établir, dans les environs de Paris, un four, dit silé- « sien, pour recevoir dix cornues. Un système de grattoir « dégage régulièrement la bouche des cornues. Devant cette « bouche est une très petite chambre qu'on désigne par le « nom de *guérite*, dont le plancher est mobile et dont la porte « ouvre dans la pièce où est le four ; au-dessus de la guérite « est un conduit communiquant avec la partie supérieure des « chambres dites *de condensation*, qui sont placées à droite et « à gauche du four et qui descendent plus bas que le sol de « la chambre du four. Un puissant système d'appel est appli- « qué à l'extrémité d'une série de toiles destinées à conden- « ser et à recueillir l'oxide de zinc ; dans le plancher des « chambres sont pratiquées des trémies à travers lesquelles « l'oxide de zinc tombe dans des tonneaux.

« Quand le four est porté à un degré de température suffi- « sant, on ouvre la porte de la guérite, on introduit le zinc « dans la cornue, on ferme la porte, on la lute, on relève le « plancher mobile sur la guérite et l'on met ainsi en commu- « nication la cornue avec la partie inférieure de la chambre « de condensation ; la combustion du zinc commence immé- « diatement pour ne s'arrêter que lorsque le métal est « brûlé.

Nous ne pouvons passer devant le *caoutchouc* et ses com- binaisons ou ses mélanges, comme on voudra, sans parler de leurs nombreuses applications qui s'étendent constamment. Sans nous arrêter aux tissus imperméables, fins ou communs, connus depuis longtemps, nous avons vu plus haut le caout- chouc pur employé en forme de meule dans le moulin-décortiqueur de M. Bouchon; nous en avons vu une autre application dans le pressoir-Kœppelin, comme dans le manomètre à colonne réduite de Galy-Cazalat. On sait qu'en plongeant pendant un certain temps du caoutchouc dans du soufre fondu, on obtient une substance beaucoup plus élastique encore que la gomme naturelle, et qui résiste, sans éprouver d'altération, à des variations de température assez étendues. Le même effet s'obtient en mélangeant du soufre dans les dissolvants du caoutchouc, en employant surtout à cet usage le sulfure de carbone (¹). Le caprice des fabricants y ajoute une foule de substances inertes qui varient suivant l'usage auquel on destine le caoutchouc *vulcanisé*.

Le caoutchouc sulfuré ou vulcanisé forme donc d'excellents ressorts dont nous avons signalé l'application au marteau-Schmerber. Avec ces mêmes rondelles élastiques on forme les tampons de choc des voitures de chemin de fer ; on construit en ce moment, pour plusieurs compagnies, des waggons dont tous les ressorts indistinctement, ressorts de suspension comme ressorts des barres d'attache et des tampons, sont établis en caoutchouc vulcanisé. La maison Charles de Bergue, brevetée en France pour l'emploi du caoutchouc vulcanisé comme ressorts, joints ou fermetures, le livre au prix de 16 fr. 60 à 18 fr. le kilog. Dans une foule d'appareils, les joints se font actuellement en caoutchouc. On se souvient que M. Bourdon a remplacé les ressorts des pistons métalliques par la même substance élastique.

Depuis longtemps on a cherché à établir des *niveaux d'eau* qui supprimassent l'opération de viser; l'emploi de tuyaux en caoutchouc sulfuré permet de former de pareils niveaux d'une étendue assez grande. L'instrument se composerait de deux éprouvettes graduées mises en communication par un tuyau élastique; on placerait les éprouvettes aux deux stations dont on veut obtenir la différence de hauteur et on s'ai-

---

(¹) Nous connaissons le propriétaire d'un procédé qui peut fournir le sulfure de carbone à raison de 2 francs le litre.

derait au besoin de supports mobiles courant le long d'une
perche divisée remplaçant la mire des nivellements ordinaires.
Un pareil instrument serait très commode pour des nivellements à stations peu éloignées; il est presqu'indispensable
quand ces opérations doivent s'exécuter à travers des parties
boisées. Des robinets placés aux extrémités du tuyau complé-
teraient l'instrument et en faciliteraient le transport dans le
courant des opérations.

Des rubans de caoutchouc ont été aussi fournis en grande
quantité pour remplacer le cuir ou le feutre dans la fabrication des cardes; cependant nous avons entendu un fabricant
de cardes se plaindre de ce que cette substance déterminait
assez promptement la rouille des dents.

Une gomme élastique, analogue au caoutchouc, importation toute nouvelle encore, tend à envahir aussi une foule
d'emplois; nous avons nommé le gutta-percha, qu'on nous
offre, soit à son état de pureté originaire, soit mélangé au
caoutchouc, au soufre, au plâtre, à l'ocre, à l'orpiment, etc.,
suivant que les usages auxquels on le destine réclament de la
dureté, de l'élasticité ou de la douceur. On le présente comme
colle, ciment ou mastic; on en fabrique des courroies, des
tuyaux, des harnais; en un mot, on le substitue presque
complétement au cuir; on le moule en ornements de toute
espèce; on l'étire en fils pour remplacer les cordons dans certains usages; on en fait des lanières dont on enveloppe les
fils des télégraphes électriques qui coûtent, ainsi garnis, 40
centimes le mètre; on s'en sert encore pour agglomérer les débris de liége et reconstituer de la sorte d'excellents bouchons.

Un grand avantage que le gutta-percha a sur le cuir, c'est
que ses débris ont encore une grande valeur, puisqu'il suffit
de les malaxer dans l'eau chaude pour les agglomérer et leur
donner la forme qu'on désire. C'est ce qui a engagé un de nos
amis à remplacer par cette matière le cuir qui forme habituellement les clapets des pompes d'épuisement des eaux des
mines; l'essai est trop récent pour en connaître les résultats.

C'est peut-être au gutta-percha qu'il faut avoir recours pour expliquer les tours de force de M. Carle.

M. Carle est un fondeur qui a trouvé le moyen de mouler et de fondre d'un seul jet, sans soudure, quelque objet que ce soit, en respectant le modèle. Il a exposé des chaînes, des épis, des fleurs, des branches entrelacées et une foule d'objets coulés en bronze, qu'on ne saurait obtenir d'un seul jet, par les procédés connus, sans détruire le modèle.

Bruxelles possède deux magasins assez bien assortis d'objets en gutta-percha ; c'est une substance dont les applications seront innombrables, lorsque le prix en sera diminué.

Quant aux machines et appareils destinés aux arts chimiques, ils ne sont guères nombreux, ni surtout nouveaux.

La féculerie est représentée par les appareils bien connus de *M. Saint-Étienne* et par ceux de *M. Huck*.

Pour les fabriques de sucre et raffineries, nous avons cité les pompes et les râpes de M. Trésel ; ajoutons-y la diversité des matières dont on fait actuellement les *formes*, et nous aurons tout dit sur ce sujet. L'exposition nous présente des formes en tôle, d'autres en tôle vernie, en zinc, même en feutre verni ; à défaut de renseignements sur leur usage, nous nous contenterons de les mentionner.

La saccharimétrie est représentée par les essais de *M. Clerget*, au moyen du *saccharimètre* de *M. Soleil*. Il est inutile d'insister sur l'importance d'un saccharimètre, c'est-à-dire d'un instrument qui détermine la quantité de sucre cristallisable que renferme une solution donnée. Celui dont nous parlons, bien que d'une construction assez compliquée, est d'un usage facile ; il n'exige pas de celui qui s'en sert, des connaissances scientifiques ; en outre, il est aussi sensible qu'on peut le désirer pour un instrument industriel.

Le saccharimètre de M. Soleil est basé sur la propriété qu'ont certaines substances, le sucre entre autres, de déterminer la rotation du plan de polarisation. On sait que M. Biot a découvert que les corps qui jouissent de cette propriété la transmettent à leurs dissolutions et qu'en ce cas, la rotation est directement proportionnelle à la quantité du corps doué du pouvoir rotatoire. M. Biot a immédiatement pensé à appliquer ces propriétés à la saccharimétrie ; c'est lui qui a donné l'idée première de l'instrument dont nous parlons ; c'est encore lui qui y a appliqué la *teinte sensible*, choisie de façon que la moindre déviation de l'œil de l'observateur la fait changer rapidement. Seulement M. Biot mesurait l'angle de déviation du plan de polarisation. L'instrument a été perfectionné par M. Soleil qui s'est servi pour cela d'une autre découverte de M. Biot ; à savoir que le quarz et le sucre ont, à très-peu près, la même dispersion et qu'on peut compenser l'action d'une certaine épaisseur de la dissolution par l'action d'une plaque de quarz de rotation inverse et d'une épaisseur convenable.

Bien qu'on puisse trouver ailleurs la description du saccharimètre de M. Soleil, nous cédons à la tentation de donner une idée de cet instrument si bien combiné, à ceux qui ne lisent pas les publications de l'académie des sciences de Paris.

L'appareil se compose de trois parties : 1° le polarisateur ; 2° le tube qui contient la dissolution à analyser ; 3° l'analyseur.

La première partie est essentiellement formée d'un prisme biréfringent ordinaire en spath d'Islande dont l'angle réfringent est assez grand pour que l'image ordinaire seule soit dans le champ de la vision. Un prisme en crown-glas doit ramener le rayon polarisé dans l'axe de l'appareil ; vient ensuite un système formé de deux plaques de quarz verticales, dont la surface de contact est parallèle à l'axe de l'instrument. Ces deux plaques sont de même épaisseur et de rotation inverse. Elles ont pour objet de produire la *teinte sensible* lilas clair ou fleur de lin de M. Biot, sans erreur possible de la part de l'observateur. Cette plaque à deux rotations donne naissance à deux demi disques, qui offrent la teinte sensible et qui sont de couleurs différentes, dès que l'action du liquide sucré cesse d'être compensée par *l'analyseur*. Pour donner la teinte sen-

5

sible, la plaque à deux rotations doit avoir $3^{mm}75$ ou $7^{mm}50$ d'épaisseur; cette disposition permet encore d'employer une lumière quelconque, soit celle du jour, soit celle d'une lampe; la teinte des deux disques peut changer, mais les deux objets de comparaison restent dans les mêmes conditions l'un que l'autre.

La seconde partie de l'appareil est un tube de verre de 20 centimètres de longueur qui doit contenir la dissolution à l'essai ; ses extrémités sont usées de manière à ce que deux plaques de verre s'y appliquent parfaitement.

La troisième partie comprend le *compensateur*, formé de deux coins en cristal de roche, composant ensemble une plaque dont on fait varier l'épaisseur en retirant ou poussant les coins. En avant de ces prismes se place une lame de quarz de rotation contraire, telle que, dans l'état normal de l'instrument, elle compense l'autre. On comprend que l'angle de déviation du plan de rotation produit par la dissolution sucrée et compensé par une augmentation ou une diminution d'épaisseur du double prisme compensateur, on comprend, disons-nous, que cet angle sera mesuré par cette différence d'épaisseur qui, elle-même est proportionnelle au mouvement linéaire transversal des coins qui forment le compensateur. Une échelle convenablement divisée donne immédiatement l'épaisseur compensatrice à $^1/_{100}$ de millimètre près.

L'instrument est terminé vers l'observateur par un prisme biréfringent ordinaire, pour donner les deux images dans le champ de la vision, et par une petite lunette de Galilée, pour placer les images à la distance de la vision distincte.

Pour obtenir toujours la teinte sensible, quelle que soit la lumière avec laquelle on opère, on peut placer à l'extrémité de l'appareil, devant le polarisateur, des verres colorés ou mieux une lame de quarz perpendiculaire à l'axe et un prisme de Nichol recevant solidairement un mouvement de rotation. Le prisme polarise le rayon lumineux, qui, par son passage ultérieur à travers la plaque de cristal, s'épanouit en une série

circulaire de rayons colorés et polarisés dans des plans différents.

Le polarisateur du saccharimètre laisse passer en plus
grande proportion celui de ces rayons, dont le plan de polarisation coïncide avec sa section principale. De sorte qu'en
faisant tourner le prisme de Nichol et sa plaque, on obtient
un rayon de la couleur voulue pour donner la teinte sensible,
lorsqu'il aura été modifié par la teinte du liquide. Le prisme
de Nichol remplace pour cet usage une série indéfinie de verres
colorés.

L'instrument inventé et construit, il fallait le rendre com-
plètement pratique; c'est ce que M. Clerget a fait en cons-
truisant des tables qui dispensent l'opérateur de tout calcul;
il y joint les jauges, vases gradués, etc., qui sont le complément du saccharimètre. Les tables de M. Clerget font les cor-
rections de température et suppléent à la comparaison avec
une liqueur normale.

Tout le monde sait qu'une des raisons qui s'opposent à
l'emploi, dans l'agriculture, des os qui forment cependant
un engrais des plus puissants, c'est la difficulté de les réduire
économiquement en fragments plus ou moins tenus. Sous le
mouton, les os s'écrasent partiellement, puis la partie con-
cassée préserve le reste dont on vient difficilement à bout;
les divers broyeurs que l'on a essayés s'empâtent rapidement
et n'agissent plus sur les os qu'on leur soumet. M. Schmitt,
de Valenciennes, a envoyé à l'exposition un moulin à broyer
les bois de teinture qui nous paraît très-propre à la division
des os. Il se compose de deux paires de cylindres horizontaux
placées l'une au-dessus de l'autre; les cylindres supérieurs
sont formés d'un certain nombre de scies circulaires alternant avec des rondelles d'un diamètre moindre. Les scies
d'un des cylindres pénètrent dans les intervalles des scies de
l'autre. Pour débarrasser ces espaces de la matière qui tend à
les combler, des couteaux placés en dessous pénètrent jusqu'aux rondelles d'entre-deux. Les matières à concasser arri-

vent entre les deux trousses, conduites par une trémie. Au
sortir de cette première paire de cylindres, elles tombent
dans une autre trémie qui les mène entre les deux cylindres
finisseurs, cylindres pleins dont la surface est taillée à *têtes
de clous* de 2 millimètres en carré.

Dans chaque paire de cylindres, la vitesse de l'un est à celle
de l'autre dans la proportion de 5 à 3. La vitesse angulaire
des cylindres inférieurs est cinq fois plus grande que celle des
cylindres supérieurs correspondants. Le diamètre des scies
est de 0^m15 environ; leurs dents ont 8 millimètres de profondeur et de largeur. Les cylindres inférieurs ont 0^m10 à
0^m12 de diamètre; leur longueur, égale à celle des trousses
à scies, est de 0^m30 environ.

Il semble que cette machine, que nous n'avons pas vu fonctionner, doit exiger une force motrice assez considérable;
dans le cas où l'on ne pourrait pas disposer d'une force suffisante, les deux parties du concasseur pourraient être sépa-
rées et l'opération se faire à deux reprises.

ARTS CÉRAMIQUES.

Pour procéder avec ordre, commençons par les briques,
les tuiles et les carreaux. Les cours de l'exposition sont en-
vahies par des modèles de toitures en tuiles de toutes formes
et de toutes dimensions, mais où l'on ne remarque de bien
saillant que les écarts d'imagination des fabricants. Plusieurs
machines à fabriquer la brique y figurent aussi, mais pas une
ne remplit la première condition de succès, qui est de faire le
travail à meilleur compte et plus rapidement que nos ouvriers;
et ceux-ci sont tellement habiles, que cette condition est des
plus difficiles à obtenir.

M. Champion a exposé une petite machine à *rebattre* les
briques et surtout les carreaux et les tuiles. C'est une presse
à vis avec balancier, qui refoule la pièce dans un moule dont
on peut varier la forme. La machine à rebattre de M. Cham-

pion lui a valu une médaille d'or de la société d'encouragement ; son utilité se conçoit surtout pour les pièces de peu
d'épaisseur dans lesquelles il est essentiel d'éviter les feuil-
lures. On annonce que cette machine, mue par un seul homme,
peut rebattre 4,500 briques par jour.

M. Champion corroie les terres au moyen d'une petite machine, qui se compose d'une petite plaque tournante qui ramène la terre sous une pièce fixe ; celle-ci arrête les pierres
et ne laisse passer que la terre. Avec cette machine, qui
coûte 500 fr., un homme peut préparer 3,000 kil., de terre
par jour.

Citons les briques creuses pour murs de refend que leur
légèreté fait rechercher malgré leur prix élevé.

La terre cuite (non vernissée) entre de plus en plus dans le
domaine de l'art. Tout le monde a pu admirer à l'exposition,
des groupes, des statues, des vases, des bas-reliefs remarquables, tout cela en terre cuite. Des colonnes, des balus-
trades, des galeries à jour, etc., montrent le parti qu'on
peut tirer de cette industrie pour l'ornementation et la res-
tauration des édifices. La couleur de ces objets est à peu près
celle de la pierre de Maestricht ; d'un peu loin on pourrait s'y
méprendre. Nous avons surtout remarqué un autel du meilleur goût, avec colonnes et couronnement, de 8^m50 de hauteur
fabriqué en terre cuite par *M. Garnaud*, et qui n'a été vendu
que 3,500 fr.

La poterie commune vernissée au plomb et la faïence commune émaillée qui n'ont de mérite que leur bas prix, tendent
à être remplacées par la faïence fine et la demi-porcelaine
dont les prix diminuent chaque jour. Aussi ces deux genres
de poteries ne sont-ils, pour ainsi dire, pas représentés à l'exposition de 1849. On y remarque, en revanche, les *grès-cé-*
rames avec ou sans glaçure ; leur couleur, naturellement grise,
est brunie par l'enfumure ou par l'ocre tenue en suspension
dans un liquide ; elle s'associe parfaitement aux formes qu'on
avait données jusqu'à présent à ces grès-cérames ; il est à re-

gretter qu'on ne s'en soit pas tenu à ce genre si élégant et que le grotesque s'empare de cette fabrication. Il serait aussi à désirer que la glaçure saline qui y est souvent appliquée et qui donne lieu à des efflorescences, fût toujours remplacée par une glaçure feldspathique ou plombifère.

Les faïences destinées à aller au feu sont très remarquables. *M. Pichenot*, qui se distingue dans cette partie, a également exposé des vases et des baignoires de faïence de très grandes dimensions.

Deux potiers de Tours ont envoyé à l'exposition, des plats, des bassins et d'autres pièces, imitant parfaitement les poteries si recherchées de Bernard de Palissy. Ce sont des poissons, des coquillages, des fleurs en relief, reproductions frappantes de ces objets naturels. Nous avons vu beaucoup de Palissy et nous croyons qu'il serait difficile de les distinguer des faïences de *M. Avisseau*.

Les usines de *Creil* et de *Montereau* qui exposent des services de table en demi-porcelaine et en porcelaine anglaise, se signalent surtout par un produit qui n'est pas nouveau, il est vrai, mais dont la fabrication a pris une extension considérable. Nous voulons parler des boutons percés pour chemises, vestes, gants, manchettes, etc. Ces boutons en porcelaine se fabriquent par des presses mécaniques et avec des pâtes sèches ; l'émail y est mêlé à la pâte. Tout le monde a vu de ces boutons de chemises qui n'ont qu'un inconvénient parfaitement connu de nos ménagères, celui de couper le fil. Cette fabrication occupe, dans ces deux usines seulement, plusieurs centaines d'ouvriers.

Les faïences fines, les *pétrocérames* ou *ironstone*, les *hygiocérames* ou porcelaines *apyres*, les porcelaines tendres et dures, apparaissent d'une manière imposante dans le palais de l'industrie ; nous ne connaissons rien de nouveau dans leur fabrication, si ce n'est le plus ou le moins de progrès qu'on y remarque.

M. du Trembley expose des services de dessert, des plaques de décors, etc, revêtues de son *émail ombrant*. Cet effet est dû à des reliefs ou à des cavités dans lesquelles le vernis se dépose sur des épaisseurs différentes, ce qui produit des jeux de lumière d'un effet très agréable.

Il en est de cette partie de l'exposition comme des cristaux, c'est au point de vue artistique qu'il faut la juger ; en nous y plaçant nous sortirions de notre spécialité.

GLACES, VERRES, CRISTAUX.

Les deux grandes manufactures de glaces de *Circy* et de *Saint-Gobain*, suivant leur habitude, n'avaient envoyé à l'exposition que des glaces de mêmes dimensions et aussi imparfaites l'une que l'autre. Les petites glaces coulées de *Montluçon* leur faisaient honte par la perfection du dressage surtout.

Cette comparaison fait le plus bel éloge de la machine à dresser les glaces de *M. Carillon*, qu'emploie seule la fabrique de Montluçon ; c'est à l'emploi de cette machine, que les glaces belges de Sainte-Marie d'Oignies doivent aussi une partie de leur perfection. La machine de M. Carillon consiste en un rodoir circulaire en fonte monté sur un arbre vertical qui reçoit d'une machine à vapeur un mouvement de rotation ; le rodoir est soutenu par un contrepoids à levier et peut se soulever lorsqu'il rencontre des parties trop saillantes ; il ne peut pas descendre en dessous d'une limite qui lui est fixée. Le centre du rodoir est alimenté sans cesse par du sable et de l'eau. L'outil ainsi disposé est mobile, dans le sens de la largeur de la glace, sur une double glissière, dont la surface est assez grande pour que la verticalité de l'axe du rodoir soit assurée. Cette glissière est portée par un chariot guidé par deux règles en fonte dans le sens de la longueur de la pièce à dresser.

La gobeleterie en verre ne figure pas à l'exposition. On n'y remarque que la spécialité des instruments de laboratoire dont quelques-uns, exposés par *M. Pochet-Deroche,* sont remarquables par la hardiesse de leur dimensions.

Nous ne nous arrêtons pas aux verres-à-vitre, ni aux bouteilles, bien que ces deux branches de la verrerie y fussent plus ou moins bien représentées.

Nous laissons aussi au jury le soin d'adresser des éloges aux fabricants de verres filigranés, de cristaux de Bohême doublés et triplés, qui tous portent le cachet du bon goût et laissent loin derrière eux les modèles vénitiens ou allemands qui leur ont servi à s'établir.

Parmi les nombreux cristaux exposés, l'attention était surtout attirée par des vases bleus en cristal demi transparent, portant des dessins de fleurs en noir qui paraissent fondus dans la pâte même du verre ; par des cristaux opaques blancs imitant la porcelaine; par le cristal, dit *obsidienne*, qui ressemble à cette roche ou, si l'on veut, au marbre noir.

Une nouvelle branche de fabrication est celle des *millefiori,* qui se débitent surtout en presse-papiers et en boutons de portes. Cette fabrication est très importante, puisque la valeur annuelle de ces produits s'élève à plusieurs centaines de mille francs. Les millefiori s'obtiennent en formant d'abord des faisceaux de baguettes de formes et de couleurs diverses; on en prend ensuite des tronçons qui offrent sur leur tranche des fleurs, des étoiles et mille autre dessins ; on les assemble et on les fixe au milieu d'une petite masse de verre transparent.

La cristallerie de *Clichy* qui s'occupe surtout de toutes ces nouveautés, a aussi exposé quelques essais de cristaux sans plomb : ce sont des borosilicates de potasse et de chaux, de potasse et de baryte, de potasse et de zinc, de soude et de zinc. Tous ces cristaux beaucoup plus légers que ceux à base de plomb sont beaux; ceux qui renferment du zinc sont les plus blancs ; les autres ont une légère teinte jaunâtre, bien que leur éclat soit aussi très vif. C'est là une fabrication nouvelle, dont la réussite est subordonnée au prix de l'acide borique, trop élevé actuellement pour en permettre immédiatement le développement.

Avant de terminer, nous nous rappelons la tôle *controxidée*
de *M. Paris*. Son invention consiste en un émail qui paraît
être un silicate ou peut-être un borosilicate de plomb, et dont
il revêt les objets en fer qu'il veut préserver de la rouille. Cet
émail est d'un gris foncé; la couche en est très mince, ce
qui lui permet de suivre les mouvements de dilatation du
métal. Nous avons ployé en divers sens une feuille de tôle
controxidée, l'émail qu'on entendait cependant craquer, ne
s'est ni fendu, ni séparé du métal. Plusieurs chimistes nous
ont assuré que cet enduit résistait parfaitement aux acides,
même à l'eau régale bouillante. En outre il résiste assez bien
aux chocs, nous avons eu beaucoup de peine à détruire l'é-
mail d'une capsule, en la frappant fortement contre le coin
d'une table. La controxidation double à peu près le prix des
objets y soumis, ceux-ci étant presque toujours des ustensi-
les de ménage ou de laboratoire. M. Paris applique aussi cet
émail sur les tuyaux de cheminée, les tuyaux de conduite
d'eau ou de gaz, les caisses à eau pour la marine, etc.

En terminant la revue des parties de l'exposition des produits de l'industrie française, dont vous m'avez chargé de vous
rendre compte, Monsieur le ministre, j'éprouve le regret que
les circonstances que j'ai eu l'honneur de vous dire, ne m'aient
permis de vous présenter qu'un travail aussi superficiel que
l'est celui que j'achève aujourd'hui. J'ai sans doute omis de
parler d'objets qui eussent dû trouver place dans ce rapport,
parce que je n'ai voulu y consigner que des choses que j'ai
eu le temps d'étudier, ou sur lesquelles, tout au moins, j'ai
pu obtenir des renseignements dignes de foi. Quoiqu'il en soit,
il me reste au moins la conviction de n'avoir pas été tout à
fait inutile et vous apprendrez avec plaisir, Monsieur le ministre, que les notes que j'ai rapportées de mon voyage, ont
déjà été utiles à plusieurs industriels de notre pays.

Charleroy, le 10 octobre 1849.

Le sous-ingénieur des mines,
J. GILON.

www.ingramcontent.com/pod-product-compliance
Lightning Source LLC
LaVergne TN
LVHW050647090426
835512LV00007B/1074